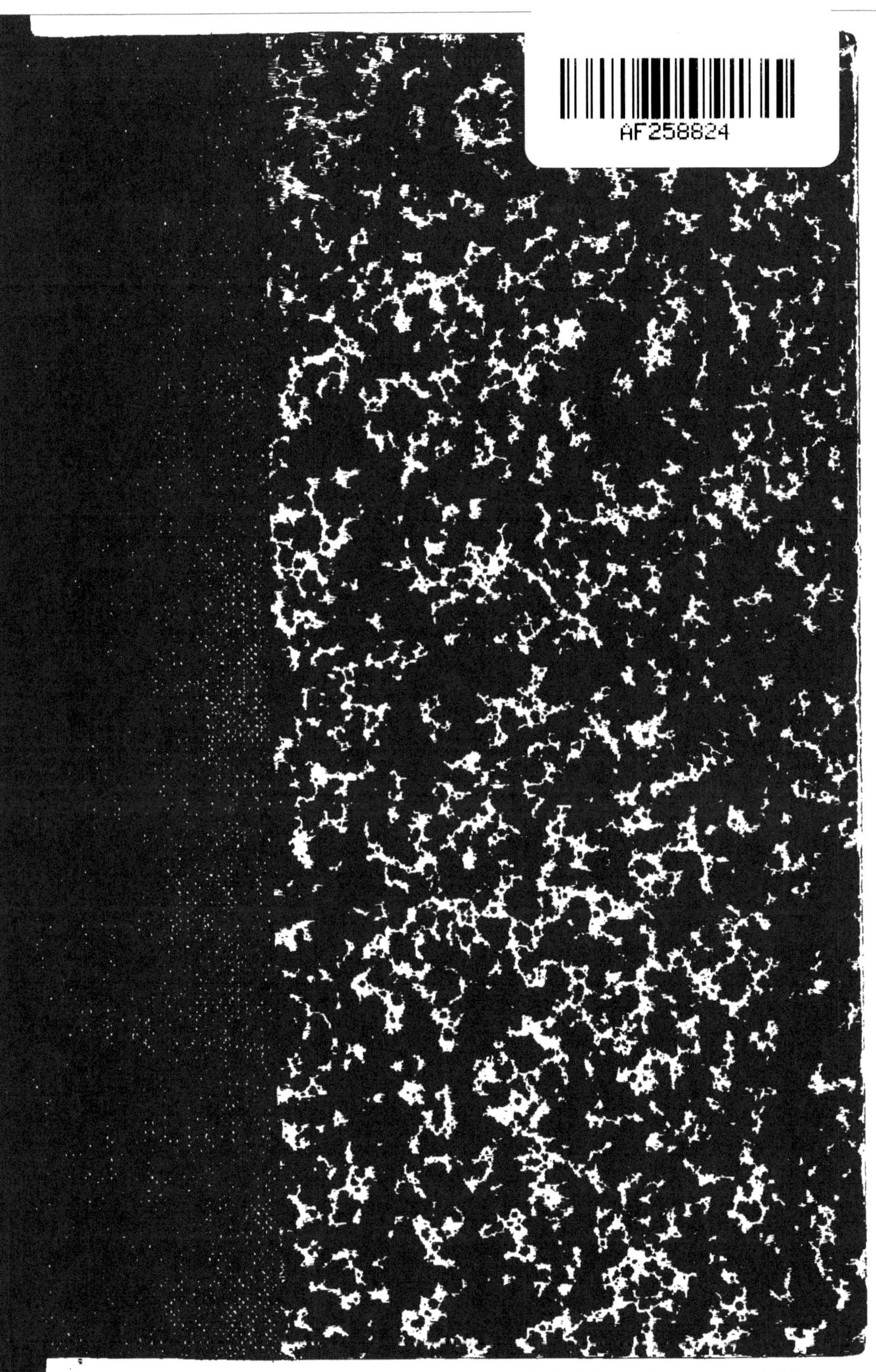
AF258824

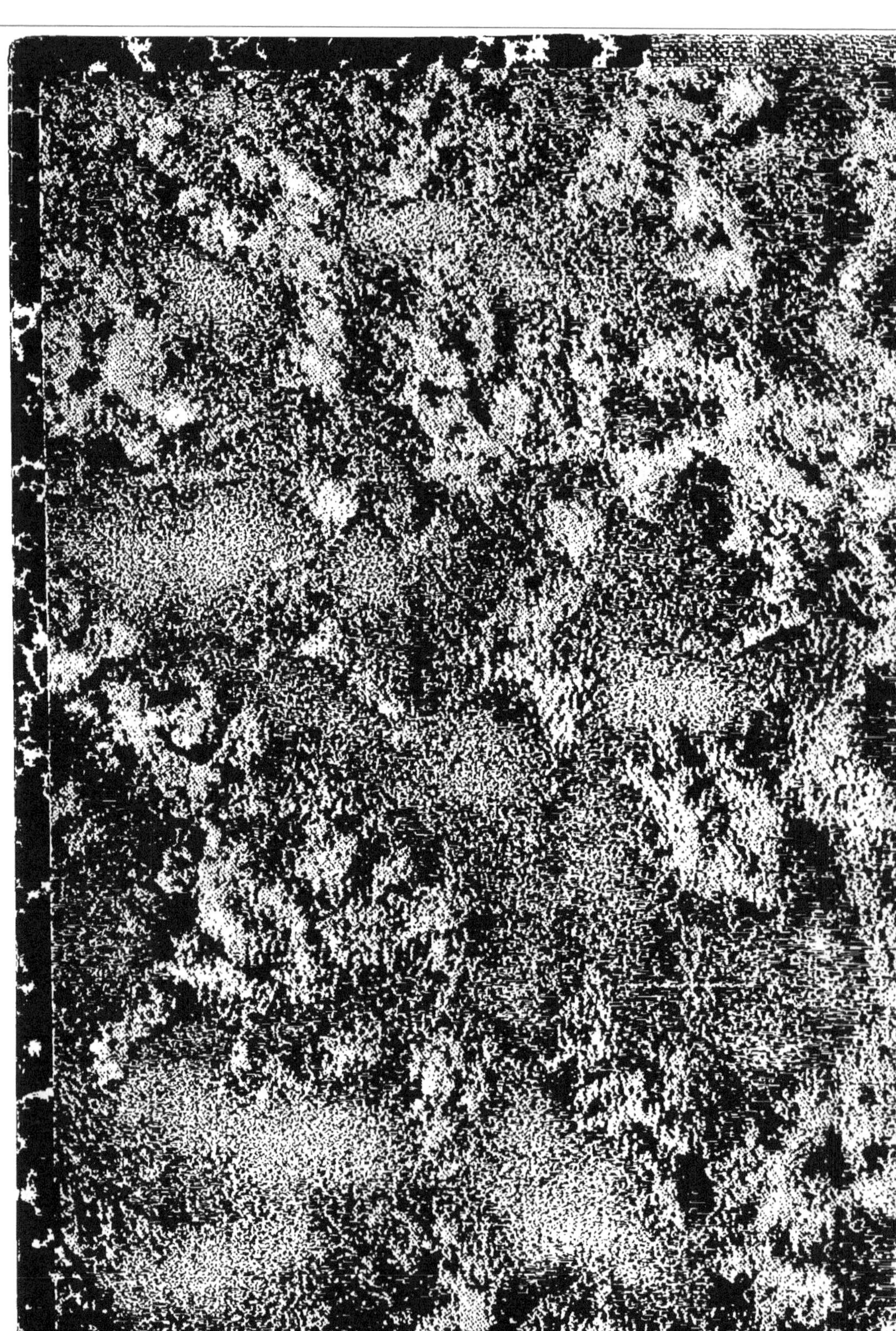

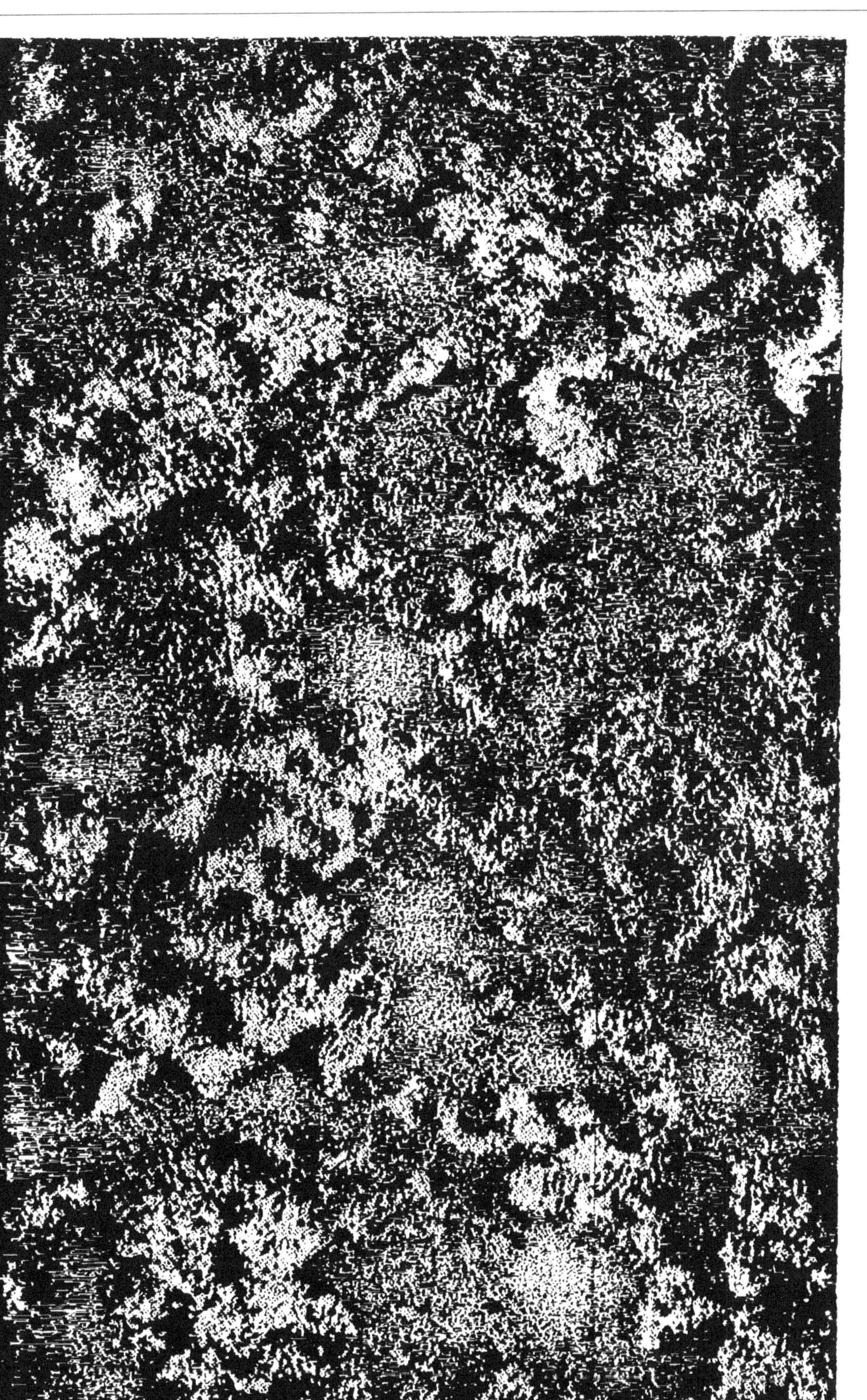

LES BALKANS EN FLAMMES

LA BULGARIE TRAQUÉE

DÉPOSITAIRE : **111, RUE RÉAUMUR**

Messageries Hachette et Cie

LES BALKANS EN FLAMMES

La Bulgarie Traquée

PAR

Philippe d'ESTAILLEUR

PARIS

IMPRIMERIE J. MERSCH

17, VILLA D'ALÉSIA, 17

—

1913

AVANT-PROPOS

Après des siècles d'oubli, les peuples balkaniques se sont revélés soudainement à l'Europe en écrasant comme un coup de tonnerre la malheureuse Turquie dont ils subissaient le joug depuis trop longtemps.

En 1912, tandis que les Bulgares campaient aux portes de Constantinople, chacun s'évertuait à louer leurs qualités, comme celles de leurs alliés, champions d'une cause légitime et belle. Mais bientôt, après une vie éphémère, l' « Union Chrétienne », minée par les intrigues habiles des diplomates de Vienne et de Berlin, s'est dissoute et l'on vit les vainqueurs de Kirk-Kilissé combattre ceux de Kumanovo, de Tarabosch et de Janina!

Que n'a-t-on pas dit alors sur les défauts des uns et des autres, leurs erreurs et leurs crimes? De quoi ne les accusèrent pas les gens qui leur étaient toujours hostiles comme ceux dont l'opinion suivait le cours des événements?

Au milieu des discussions violentes qui s'élevèrent et s'élèvent encore entre les partisans et les adversaires des derniers coalisés, mes amis et moi avons cru juste et utile, après avoir examiné soigneusement les documents que nous avons réunis grâce à d'obligeants concours fournis par des per-

sonnalités indépendantes, de donner au public une étude précise, sobre et juste de la question balkanique et particulièrement bulgare, depuis ses origines jusqu'au mois de novembre 1913.

Désirant être complètement et loyalement renseigné, je me suis adressé pour plusieurs points aux intéressés eux-mêmes, et je tiens ici à manifester le regret que j'ai eu de ne recevoir aucune réponse de la légation de Grèce à Paris; par contre je me hâte de remercier très vivement M. D. Stanciof, ministre de Bulgarie, et M. Vesnitch, ministre de Serbie, à Paris, des notes officielles qu'ils m'ont communiquées.

Je dois également exprimer ma plus vive reconnaissance à tous ceux qui m'ont, de quelque manière que ce soit, apporté leur aide pour la composition et la rédaction de cet ouvrage que je me suis efforcé d'écrire avec la plus grande impartialité, en approfondissant, non seulement les principales questions balkaniques en elles-mêmes, mais encore leurs intimes rapports avec les intérêts économiques et politiques de notre pays.

Chacun peut se tromper ! Ne prétendant nullement faire exception à ce principe, je prie le lecteur qui voudra bien me suivre à travers ces pages de n'y trouver qu'un travail le plus exact et le plus documenté possible, et une opinion modérée, loyale et toujours sincère !

Ph. d'E.

La Bulgarie Traquée

CHAPITRE PREMIER

La Bulgarie. — Son histoire. — La guerre balkano-
turque de 1912. — Le traité de Londres.

Pour comprendre la vie, les aspirations et la
valeur de la Bulgarie moderne, son rôle et sa politique dans la péninsule, il est, je crois, nécessaire
de connaître son passé !

Je n'ai pas la prétention de faire ici une histoire
complète de la Bulgarie ; ceux qui voudraient l'étudier en détail liront avec intérêt le remarquable
ouvrage du P. Guérin-Songeon, qui traite admirablement la question ; je me contenterai donc de
l'esquisser rapidement en m'efforçant d'être aussi
clair et aussi explicite que possible.

Les Pélages furent, dit-on, les premiers occu-
pants des régions balkaniques ; puis, vers 1700
avant Jésus-Christ, les Thraco-Illyriens vinrent
s'établir sur ces terres qui ont gardé des vestiges
de leur passage. En 359, Philippe, qui organisait
son royaume de Macédoine, fonda Philippopoli et
soumit toutes les populations qui subirent plus
nettement encore le joug de son fils Alexandre.

A sa mort, son empire démembré devint la proie des invasions celtes (en 280 avant Jésus-Christ) et fut occupé par les troupes romaines. Celles-ci furent elles-mêmes balayées par les hordes d'Attila. Mais la première invasion qui s'enracina dans les Balkans, après les Thraco-Illyriens, fut celle des Slaves, qui suivaient généralement les tribus guerrières venues d'Orient et profitaient des combats que livraient celles-ci.

Enfin, en 499, la lutte qui mettait continuellement Byzance aux prises avec les peuples du nord-ouest ayant recommencé, les Bulgares apparurent en Dacie. Venus des régions environnant le Don et la Volga, ils étaient d'origine finno-turque, et, ayant quitté l'Oural, s'avançaient vers le Danube. Subjugués d'abord par les Byzantins, ils se rendirent un moment indépendants avec leur roi Koubrat qui traita honorablement avec le « basileus » de Constantinople. En mourant, Koubrat laissait cinq fils, dont l'un s'établit sur la Volga, l'autre sur le Don, le troisième, Asparouch, en Bessarabie, le quatrième sur la Theiss et le cinquième gagna l'Italie où il se fixa (à Bénévent).

Le royaume de la Volga fut absorbé par les Russes en 1552 ; celui de Pannonie (Hongrie), vaincu par les Avares, vit ceux-ci écrasés par Charlemagne en 794 et disparut complètement lors de l'arrivée des Magyars en 893. La principauté de Bénévent devint italienne ; seule, la monarchie d'Asparouch, venue aux Rhodopes, devait avoir un avenir glorieux.

Un de ses successeurs, Terbel, poursuivit son œuvre, secourut Justinien II détrôné par un usurpateur et reçut, en prix de ses services, la province de Zagorie. Effrayé de sa puissance, le « basileus » lui déclara la guerre en 708 ; battu, il s'en fit définitivement un allié et, quand les Arabes vinrent bloquer Constantinople, il l'appela à son aide.

Terbel défit les Musulmans et Justinien le combla d'honneurs. A sa mort, la monarchie, rendue élective, fut l'occasion d'une série de troubles qui, ajoutés aux attaques perpétuelles des Byzantins, affaiblit considérablement le jeune État.

Kroum, chef des Bulgares de Pannonie du sud, y vint, décidé à rétablir l'ordre.

Il reconstitua en effet le royaume d'Asparouch, créa une législation rudimentaire et prit Sofia aux Byzantins qui en avaient fait une ville importante où ils eurent un moment l'idée de transporter la capitale de leur empire.

Puis, le « basileus » Nicéphore ayant tenté de prendre sa revanche, il le battit et, en 813, apparut devant Constantinople. Léon l'Arménien, qui avait succédé à Michel 1er qui, lui-même, avait pris la couronne à la mort de Nicéphore, tenta de le faire assassiner. Ce fut en vain, mais Kroum, voyant l'impossibilité pour lui de s'emparer de Byzance, se rabattit sur Andrinople et sur toute la Thrace qu'il pilla et incendia. Kroum périt le 8 avril 815. Son frère Omortag assura complètement sa domination sur les peuples balkaniques.

Un peu plus tard, vers 860, saint Cyrille et saint Méthode évangélisèrent les Slaves et les Bulgares et leur créèrent une langue propre ; au même moment et après la mort des deux apôtres, Boris, souverain sincèrement religieux, intelligent, tenace et hardi, contribua fortement à l'établissement de la première église bulgare et consolida son royaume.

Mais c'était à Siméon, son fils cadet, qu'il était donné de faire atteindre à la monarchie bulgare son apogée.

Élevé à Byzance, lettré, volontaire et audacieux, il fut vraiment un grand souverain. Attaqué par les Hongrois alliés de Constantinople, il dut d'abord demander la paix au « basileus », puis, ayant réparé ses forces, il s'unit aux Petchenèques, tribu sauvage du Dnièpr et fondit sur les Hongrois qu'il écrasa ; puis, se retournant contre les Byzantins, il les battit à Eski-Baba. Vingt ans de repos et de calme lui permirent de se créer à Preslav une somptueuse capitale et de commencer à civiliser ses sujets. Il fut arrêté dans ses projets par la guerre qui reprit contre Constantinople et dura avec, pour les Bulgares, des alternatives de victoires et de reculs jusqu'en 926. Siméon se réconcilia avec le « basileus » et mourut le 27 mai 927. Son empire s'étendait alors, au sud, à Andrinople, puis englobait le reste de la Thrace, la Macédoine, l'Epire, l'Albanie et la vieille Serbie ; au nord, il atteignait la Moravie et la Pologne.

Après Siméon, tout s'écroula ; le byzantinisme pénétra en Bulgarie, les Bogomiles (nouvelle secte religieuse) y semèrent la discorde, et le malheureux pays, déchiré par les dissensions intestines, servit de théâtre aux luttes entre les Russes et les Byzantins et finit par se courber sous le joug de ces derniers.

L'indépendance bulgare se réfugia alors dans un petit royaume fondé à Okrida par Chichman Mokr qui fonda une dynastie. Samuel, son fils, tenta de relever le sceptre des Bulgares ; victorieux tout d'abord, il fut défait à Sperchios, par Basile II ; ayant continué la lutte, il fut encore battu à Bélacita, en 1014, et, après cette dernière bataille, le « basileus » lui renvoya 15.000 de ses soldats faits prisonniers, les yeux crevés et conduits par des officiers mutilés aussi. Samuel en éprouva un tel saisissement qu'il mourut deux jours plus tard. Basile II fut surnommé par les Grecs le « Bulgaroctone » ou « tueur de Bulgares ». La Bulgarie fut annexée à l'empire byzantin ; c'était la vieille force romaine, dont Constantinople était héritière, qui l'avait vaincue.

En 1186, Jean Assen, patriote bulgare, se fit proclamer tsar à Tirnovo, et, ayant réuni une petite armée, marcha sur Preslav ; battu, il s'enfuit en Valachie. Revenu en 1187, il mit en déroute Jean Cantacuzène, général byzantin. Après divers succès, il périt assassiné en 1196. Kaloïan, qui lui succéda, se rapprocha de Rome, s'empara de Varna, puis de Nich, de Belgrade, d'Uskub, de Prizrend et de Kustendil, et poussa les limites de son empire de Belgrade à la Maritza inférieure et du Vardar aux bouches du Danube.

Le roi fut sacré solennellement par un légat du pape, le 7 novembre 1204. Le grand empire bulgare était reconstitué.

En 1205, il battit les Latins de Constantinople et fit tuer Beaudouin Ier, mais le frère de ce dernier, Henri de Flandre, le fit reculer à son tour. Kaloïan mourut assassiné le 8 octobre 1207.

Un de ses successeurs, Jean Assen, réforma l'administration du royaume et fit faire des progrès constants à la civilisation. Insulté par les barons français de Constantinople qui refusèrent de faire épouser à sa fille, Beaudouin II (1), il s'unit à Vatatzès, empereur grec de Nicée, mariant sa fille au fils de celui-ci. Repoussés devant Constantinople par Jean de Brienne, les alliés se séparèrent et Assen s'unit à l'empereur Beaudouin II. Assen mourut en 1241. Vint alors Constantin Assen, de race serbe. A ce moment, les Grecs, ayant à leur tête Michel Paléologue, attaquèrent la monarchie latine de Byzance ; Beaudouin combattit à peine et se réfugia chez Charles d'Anjou, en Sicile. L'empire byzantin redevint grec et, de suite, montra son hostilité pour la Bulgarie ; à Constantin succédèrent une série de monarques dont l'action fut néfaste aux Bulgares jusqu'à Svétoslav qui fut, avant la dislocation. leur dernier grand tsar. En 1331, la puissance bulgare s'effondra et la domination des Balkans passa au roi de Serbie, Etienne Douchan. Celui-ci fut couronné

---

1. Marie-Jeanne Assen était fille du roi de Hongrie et de Yolande, princesse française, sœur de Beaudouin II.

empereur des Serbes et Grecs en 1346 ; puis
les hordes ottomanes commençant à faire trembler
Byzance, il se prépara à marcher contre elles, mais
la mort l'arrêta le 18 décembre 1355.

En 1356, Suleyman ayant franchi de nuit l'Hel-
lespont à la tête de soixante Turcs, s'emparait de
Djemenlik ; puis, quelque temps après, de Gallipoli. Mourad, son frère, prit Tchorlou et, n'ayant
devant lui aucun obstacle, entra sans coup férir à
Andrinople. Devant ce fléau, Jean Paléologue
appela le Pape à son secours ; celui-ci envoya
Amédée de Savoie qui reprit Gallipoli. De leur
côté, Ougliacha et Voukachine, souverains serbes,
réunirent une armée et marchèrent sur Andrinople, mais, surpris à Tchernomen par les Turcs,
ils furent tués et leurs troupes anéanties. Une coa-
lition comprenant la Serbie, la Bosnie, le Monténégro et la Valachie, se forma contre les envahisseurs et fut victorieuse à Plotchnik en 1387.
Devant cette victoire, Jean Chichman III, tsar
de Bulgarie, vassal des Osmanlis, les quitta et
se joignit aux alliés. Ali-Pacha, grand vizir de
Turquie, franchit alors les Balkans et défit Chichman qui fut de nouveau réduit à reconnaître la
suzeraineté du Sultan.

Restaient les coalisés. D'abord incertaine, la
bataille se décida contre eux à Kossovo et, Mourad ayant été assassiné, son fils Bajazet imposa
son autorité au roi de Serbie, Lazarevitch, en lui en-
levant sa sœur qu'il prenait pour son harem.
Tirnovo résistait encore. Elle tomba en 1393 malgré l'héroïque résistance du patriarche Euthyme.

« Avec Euthyme disparaissait le patriarcat de Tirnovo. L'État bulgare passait aux mains des Turcs et l'Église bulgare à celles des Grecs (1). »

En 1396, une croisade s'organisa. La fleur de la noblesse française accourut avec le comte d'Eu, les ducs de Bar, les sires de la Trémoïlle, de Coucy, etc... ainsi que de nombreux chevaliers allemands, autrichiens et hongrois. Leur vaillante armée fut battue à Nicopolis, le 25 septembre. De ce jour, la Bulgarie devint province turque. Elle fut divisée en sandjaks administrés par des beys qui n'avaient sur leurs domaines qu'une autorité relative soumise au Sultan. A cette époque, les Bulgares n'eurent pas trop à en souffrir, mais, à partir du xvie siècle, la puissance du Sultan s'affaiblissant, les beys se créèrent de petites principautés dans lesquelles ils exerçaient la plus affreuse tyrannie, accablant d'impôts les raïas (chrétiens) et les torturant continuellement. Quelques hommes hardis et vaillants tentèrent des soulèvements. Michel le Brave, après une alliance avec les princes de Transylvanie et de Moldavie, fit proclamer un tsar à Tirnovo, mais bientôt, accablé par les Turcs, il dut s'enfuir avec ses partisans.

En 1674 et 1688, deux nouvelles révoltes n'aboutirent qu'à un redoublement d'oppression, de cruautés et de crimes. Au xviie siècle, un premier symptôme de renaissance apparut sous la forme

1. *Histoire de la Bulgarie*, Guérin-Songeon, p. 293.

d'un livre : *Histoire slave-bulgare des tsars, du peuple et des saints de Bulgarie*, composé par le P. Païsi. Son élève, Stüko Vladislavof, reprit de 1790 à 1807 la propagande patriote en Bulgarie. Mais, à cette époque, un terrible adversaire allait se dresser devant le Sultan : la Russie. Dès ce moment, commença l'émancipation balkanique : Kara-Georges, voïvode de Serbie, s'empara de Belgrade en 1804. Obligé de reculer devant 200.000 Turcs, il s'enfuit en Hongrie. Un de ses lieutenants, M. Obrénovitch, battit alors plusieurs fois les Turcs et obtint, avec l'aide de la Russie et de l'Angleterre, l'érection de la Serbie en principauté vassale de la Porte. (Convention d'Akermann, 1824.)

On connaît l'histoire de l'indépendance grecque.

D'abord vaincus et contraints de voir les Ottomans à Athènes, les Grecs furent secourus par les flottes alliées de la France, de l'Angleterre et de la Russie ; l'escadre ottomane anéantie à Navarin en 1827, la Grèce fut proclamée indépendante en 1830.

Les troupes russes du général Diébitch, comme les insurgés serbes, avaient été soutenues par les Bulgares qui tentèrent sans succès un soulèvement en 1830. Cette insurrection fut durement réprimée, mais la Bulgarie se relevait lentement et manifestait une renaissance intellectuelle qui commença avec Veneline en 1829. En 1860, les Bulgares essayèrent de s'unir avec Rome espérant, par là, aider à leur délivrance et s'assurer le secours de la France. La Russie fit échouer ce projet, mais obtint de la Porte la création de l'Exarchat (1).

Deux comités se fondèrent à Odessa et à Bucarest pour défendre la cause bulgare, mais deux échecs, en 1867, séparèrent les membres de ces comités, les uns trouvant un changement dangereux et inutile, les autres voulant à tout prix reconquérir pour leur pays la liberté perdue. Plusieurs complots éclatèrent de 1873 à 1875, et le dernier surtout fut suivi de représailles terribles, les Turcs ayant envoyé en Bulgarie des Tcherkesses, des Pomaks et des bachi-bouzouks qui mirent la contrée à feu et à sang. L'Europe s'émut et décida des réformes ; la Turquie traînait encore les choses en longueur, mais un événement important allait se produire. Partout le joug turc fut ébranlé ; la Roumanie s'était constituée en 1856, la Serbie avait obtenu de nouvelles libertés en 1868, quant au Monténégro, il subit une invasion ottomane que l'Europe honteusement laissa se produire malgré la protestation du pape Pie IX. Enfin, après la guerre serbo-turque de 1876 (2), la Russie ayant déclaré à la Turquie qu'elle n'interviendrait pas plus avant dans les Balkans si la paix n'était pas faite avec le Monténégro, et le Parlement turc ayant voté la continuation des hostilités, le tsar n'hésita pas et, le 24 avril, déclara la guerre au Sultan.

L'armée russe, forte de 250.000 hommes, et

1. Voir chapitre VIII : « Question religieuse ».

2. Le roi de Serbie voulut secourir les Bulgares, mais fut accablé par les Turcs, et ce fut la Russie qui obligea ces derniers à faire la paix.

commandée par Vannosski, Zimmerman, Krüdener, Radetzki, avec le grand-duc Nicolas comme
généralissime, franchit le Pruth ; cinq jours après
elle passait le Danube à Svichtov, chassant devant
elle les Turcs qui évacuèrent immédiatement Tirnovo. Le 29 avril, une légion bulgare comprenant
six bataillons d'infanterie et six escadrons de
cavalerie avait été formée sous les ordres du général Stoliétof et armée avec les munitions
envoyées par le comité slave de Moscou. A mesure
que les troupes avançaient, les Russes, et en particulier le prince Tcherkasky, réorganisaient l'administration bulgare avec des fonctionnaires russes
et bulgares.

Les corps russes, disséminés sur un front de
200 kilomètres, descendirent dès les premiers
jours de juin vers le sud ; à l'aile gauche se trouvait le tsarévitch ; au centre, le grand-duc Nicolas
et, à l'aile droite, le général Krüdener. Le succès
couronna tout d'abord l'offensive slave ; le généralissime entra à Tirnovo et Krüdener à Nicopolis.
Le 17 juillet, Gourko occupa Schipka, mais ne put
s'emparer de la batterie du mont Saint-Nicolas ;
les Turcs battirent en retraite le lendemain et,
le 19, la marche en avant reprenait.

Mais la Turquie affolée avait rappelé du Monténégro Suleyman Pacha qui vint s'établir avec
50.000 hommes près de Stara-Zagora ; de son côté,
Réouf Pacha occupait Roustchouk avec 40.000
hommes, Méhémet Ali était à Choumen avec
65.000 hommes et Osman Pacha à Plevna avec
60.000 soldats

Osman Pacha s'empressa de se fortifier à Plevna, prévoyant l'attaque russe sur ce point. Elle se produisit le 20 juillet et fut repoussée, de même que celle du 30 juillet.

Au sud, Gourko avec 3.000 Bulgares et Russes défendit avec héroïsme le défilé de Schipka et il allait être écrasé par Suleyman Pacha lorsque Radetzki, arrivant de Gabrovo, infligea aux Turcs une sanglante défaite. Le 7 septembre, Plevna fut investie ; le siège dirigé par le célèbre Totleben dura jusqu'en décembre et, le 10 de ce mois, Osman Pacha se rendait aux Russes.

Le 4 janvier 1878, Gourko entrait à Sofia, le 15 à Philippopoli et, bientôt, les cosaques du général Stroukof, coupant la retraite de Suleyman Pacha, arrivaient en vue de Constantinople.

Le Sultan demanda la paix. Les préliminaires en furent signés le 31 janvier à Andrinople et le traité définitif conclu le 3 mars à San Stefano. Le Monténégro augmentait considérablement son territoire, la Serbie indépendante annexait les sandjaks de Nich, de Lescovetz et de Novi-Bazar ; la Roumanie donnait la Bessarabie à la Russie et recevait la Dobroudja en compensation ; enfin, la Bulgarie, érigée en principauté vassale de la Porte, voyait ses anciennes frontières rétablies ; elle s'étendait, en effet, du Danube à l'Égée et du lac d'Okrida à la mer Noire.

Mais les puissances s'émurent de la reconstitution balkanique et des progrès de là Russie ; Bismarck réunit un congrès européen à Berlin et, le 13 juillet 1878, un nouveau traité était signé qui transformait celui de San-Stefano.

La Russie gardait bien la Bessarabie et une partiè de l'Arménie, mais l'Autriche avait la surveillance de la Bosnie et Herzégovine et du sandjak de Novi-Bazar, et la Bulgarie était réduite au territoire compris entre le Balkan et le Danube.

Le 10 février 1879, une assemblée des notables se réunit à Tirnovo pour donner une constitution à la Bulgarie, mais elle se divisa immédiatement en deux groupes, dont l'un voulait le maintien de l'état actuel et dont l'autre voulait une indépendance complète et la réunion à la Bulgarie, de la Roumélie orientale; aussi votèrent-ils une constitution extrêmement libérale destinée à faciliter considérablement une politique intérieure active : Pouvoir législatif confié à une assemblée (Sobranié) élue pour cinq ans au suffrage universel direct, inviolabilité parlementaire, responsabilité ministérielle, électorat à vingt et un ans, éligibilité à trente ans ; pouvoir exécutif confié à un prince dont l'initiative était très minime...

Cela fait, on chercha pour la Bulgarie un souverain apparenté aux familles royales d'Europe et l'on hésita devant trois noms :

Le prince Valdemar de Danemark, le prince de Reuss et le prince Alexandre de Battenberg. Ce dernier, neveu de l'impératrice de Russie, fut élu sans discussion dès que l'on sut qu'il était protégé par le tsar.

Alexandre (né en 1857) avait combattu à Plevna pendant la guerre de 1877, et servait comme lieutenant aux Gardes du corps de Prusse quand il apprit la proposition qu'allaient lui faire les délégués bulgares. Il l'accepta, mais, avant d'entrer dans sa principauté, il tint à s'assurer de l'agrément des puissances et de celui du Sultan, son suzerain, ce que la Russie ne vit pas avec satisfaction, puis le 10 juin, il débarquait à Varna. Avec les meilleures qualités de bravoure, de droiture et d'intelligence, il ne sut pas se maintenir entre les partisans de l'influence moscovite et ceux du pur nationalisme. Ayant d'abord renvoyé sèchement le prince Dondoukof, commissaire du tsar, puis deux Russes, le banquier Gunsbourg et l'entrepreneur Poliakoff, il prit un ministère russophile qui fut battu aux élections de 1879. Le Sobranié dissous, il appela devant la nouvelle Chambre de 1880 un cabinet libéral avec Zankof et Karavélof. Puis, au mois de mai 1880, il se rendit à Saint-Pétersbourg et obtint du tsar un assentiment complet à ses plans. Cela fait, le 21 avril 1881, il publiait une proclamation dans laquelle il annonçait son intention de quitter la Bulgarie si on ne donnait pas satisfaction aux demandes suivantes :

Blanc-seing de l'Assemblée Nationale lui donnant pour sept ans le droit de modifier comme il l'entendrait les institutions établies et de prendre les mesures qu'il jugerait nécessaires.

L'Assemblée Nationale élue avec une forte pression du gouvernement se réunit à Svichtov et ratifia ses propositions.

Mais les Russes, qui s'étaient répandus en plus grand nombre dans tous les ministères, s'étant vu refuser une concession de chemin de fer, s'allièrent aux radicaux et mirent le prince en demeure de rétablir la constitution de Tirnovo. Alexandre s'entendit avec les libéraux et accorda le retour au régime parlementaire que lui demandait le Sobranié. Les Russes lâchèrent pied et, après une crise ministérielle de courte durée, un cabinet libéral Karavélof-Tzankof fut constitué. La question rouméliote apparut alors plus aiguë et devait séparer définitivement Alexandre, de la Russie.

La Roumélie orientale, placée sous l'autorité du Sultan, était directement gouvernée par un prince chrétien nommé par la Porte et n'attendait qu'une occasion de proclamer son union à la Bulgarie. Tant qu'elle fut administrée par Aleko Pacha, homme intelligent et probe, rien ne se produisit ; mais il fut remplacé par un Bulgare, Gavril Krestowich ; une conjuration se forma aussitôt et, le 18 septembre 1885, une troupe de paysans entra à Philippopoli, fit prisonnier l'envoyé du sultan et déclara l'annexion de la Roumélie orientale à la Bulgarie. Alexandre approuva le mouvement et le 21, entrait à Plovdiv au milieu des acclamations de la population. Le tsar lui exprima immédiatement son mécontentement et rappela la mission militaire russe. Le prince s'écria que « le jour du départ de la mission des officiers russes était le plus beau jour de sa vie »...

C'était la rupture.

L'Autriche et la Russie s'entendirent alors avec le roi de Serbie, Milan Obrenovitch qui, voyant Alexandre occupé en Roumélie, jugea le moment opportun de s'agrandir aux dépens de la Bulgarie et lui déclara la guerre le 13 novembre 1885. Le 14, il passait la frontière. Le prince de Battenberg accourut à sa rencontre et, à force d'énergie et d'habileté, réunit 33.000 hommes en trois jours à Slivnitza. Le 18, il repoussait les Serbes et prenait l'offensive. Le 25, il s'avança jusqu'à Pirot. L'Autriche lui imposa aussitôt la paix, mais sans lui donner aucune indemnité d'argent ou de territoire.

Devenu très populaire, Alexandre laissa son armée se diviser en russophiles et battenbergistes ! Les premiers organisèrent un complot et, le 21 août 1884, Sloïanof, Benderef et Grouef ayant fait cerner son palais par leurs soldats, exigèrent son abdication et l'entraînèrent immédiatement à Etropol, puis, sur son propre yacht, lui firent descendre le Danube et le remirent prisonnier aux Russes. Ceux-ci le relâchèrent aussitôt, mais l'obligèrent à gagner le territoire autrichien.

Mais, tandis qu'Alexandre s'éloignait de la Bulgarie, la population, loin d'approuver le coup d'État, manifestait ouvertement son mécontement et Stamboulof, président du Sobranié, demanda au prince de réintégrer sa capitale. Battenberg accepta et, le 3 septembre, il rentrait triomphalement à Sofia.

Mais ce n'était qu'un succès éphémère, car le tsar lui ayant déclaré qu'il désapprouvait formellement son retour dans les Balkans et lui ayant adressé des paroles de menace, il ne pouvait se maintenir dans sa principauté. Alexandre le comprit et, après avoir expliqué publiquement sa situation à ses officiers et nommé un conseil de régence, composé de Stamboulof, Moutkourof et Karavelof, il quitta la Bulgarie pour n'y plus revenir, et s'en alla finir ses jours en Autriche où il mourut le 17 septembre 1893.

Alors commença la célèbre dictature de Stamboulof. Cet homme, qui allait jouer un rôle si considérable dans l'histoire de son pays, était né en 1854 à Tirnovo. Fils d'aubergiste, il fut d'abord tailleur, puis entra au séminaire d'Odessa, fut expulsé à cause de sa propagande nihiliste, devint agent secret du comité de Bucarest, combattit en 1877; enfin, étant entré dans la vie politique, s'acquit comme lieutenant de Karavélof une grande popularité et fut élu président du Sobranié. Volontaire, hardi et fier, il ne reculait devant aucun moyen pour réprimer l'anarchie et repousser l'influence dominatrice de la Russie.

Stamboulof fit subir à l'armée et à toutes les administrations une épuration complète de tous les russophiles pour les remplacer par des battenbergistes, puis il établit l'état de siège, traita dédaigneusement l'envoyé du tsar, le général Kaulbars, et, exerçant une pression terrible sur la population, obtint le 10 octobre aux élections de l'Assemblée Nationale une écrasante majorité pour ses partisans. Le 10 novembre, cette assemblée élut le prince Valdemar de Danemark, mais celui-ci, devant l'attitude du tsar, refusa la couronne.

Stamboulof rompit alors définitivement avec la Russie et sa dictature se fit de jour en jour plus dure en face des complots qui éclataient à chaque instant et qu'il réprimait avec une indicible violence.

Mais la Régence ne pouvait durer indéfiniment et, sur les instances de Stoïlof, le prince Ferdinand de Saxe-Cobourg-Gotha (1) ayant laissé poser sa candidature au trône de Bulgarie, le Sobranié l'élut à l'unanimité le 7 juillet 1887. Le prince Ferdinand déclara n'accepter cette offre qu'assuré de l'assentiment du Sultan ; celui-ci, flatté de ce procédé, adressa une note consultative aux chancelleries européennes qui hésitaient à prendre parti. Mais le prince n'attendit rien : le 10 juillet, il était à Roustchouk, le 13 à Tirnovo où il prêtait serment à la Constitution et d'où il adressait au peuple une éloquente proclamation.

Mais sa situation n'était guère brillante, car aucune puissance ne voulut le reconnaître à cause de la Russie qui déclarait son élection illégale, aussi force lui fut-il de garder Stamboulof au ministère.

L'ancien dictateur ne modifia pas ses méthodes et continua son gouvernement tyrannique, mais nécessaire, à ce jeune pays déchiré aisément par les dissensions politiques ; tandis qu'il agissait ainsi et usait sa popularité, le prince Ferdinand allait rendre visite à l'empereur d'Autriche, puis au roi de Bavière et à Paris et s'assurait de la sympathie des cours d'Europe.

1. Ferdinand de Saxe-Cobourg-Gotha naquit à Vienne le 26 février 1861 du prince Charles-Auguste de Saxe et de Clémentine d'Orléans, fille du roi Louis-Philippe.

Le Roi et ses fils à la revue militaire après la mobilisation à Sofia.

Le 20 avril 1893, il épousait, près de Florence, la princesse Marie-Louise de Bourbon-Parme et, l'article 38 de la Constitution spécifiant que l'héritier du trône devait être orthodoxe, Stamboulof obtint sa modification du Sobranié. Mais l'ex-dictateur avait terminé son rôle utile et devenait néfaste pour le pays ; au sujet d'un scandale privé, il offrit au prince sa démission, espérant qu'elle serait refusée, elle fut acceptée et Stamboulof (1) fut remplacé par Stoïlof.

Ferdinand de Cobourg voulut alors se réconcilier avec la Russie et y parvint définitivement après avoir fait embrasser à son fils aîné la religion orthodoxe, le 14 février 1896. Dès lors, les relations russo-bulgares furent très amicales comme le prouvèrent la visite du grand duc Nicolas à Sofia, en 1902, et l'inauguration, en 1907, d'un monument à Alexandre II dans la capitale de la Bulgarie.

En même temps, la question macédonienne, un instant oubliée, rappela sur elle l'attention des États balkaniques. Depuis le congrès de Berlin, les Turcs, loin d'exécuter les réformes qu'ils avaient promis d'accomplir, opprimaient de plus en plus les malheureuses populations qui s'organisèrent pour hâter leur indépendance et formèrent deux comités, l'un à Sofia, l'autre à Salonique ; une première insurrection éclata en 1902 et fut vaincue par les rigueurs de l'hiver. Les Turcs en profitèrent

1. Stamboulof fut assailli le 15 juillet 1895, à 8 heures du soir, par plusieurs hommes qui le blessèrent affreusement au visage et aux mains. Il mourut trois jours après.

pour redoubler de brutalité, ce qui occasionna une intervention diplomatique du prince Ferdinand près de l'Autriche et de la Russie. Cette intervention n'ayant abouti à rien, la révolte reprit en mars 1903 et fut combattue par 150.000 hommes qu'Abdul-Hamid envoya pour l'écraser. Les troupes ottomanes n'y réussirent cependant pas et se contentèrent d'incendier et de dévaster les régions qu'elles traversaient. Mais, une seconde fois, le froid vint arrêter les rebelles et la Bulgarie signait, en avril 1904, avec la Porte, un accord par lequel elle s'engageait à ne pas favoriser les insurgés macédoniens et, de son côté, le Sultan promettait d'appliquer immédiatement les réformes de Müersteg. La Macédoine n'en fut pas pour cela pacifiée, car la Turquie ne se pressait pas de tenir ses promesses et les bandes bulgares tenaient tête à ses soldats tuant et brûlant de leur côté.

Vint, en juillet 1908, la Révolution jeune-turque. Le prince Ferdinand comprit aussitôt le parti qu'il pouvait en tirer et saisit le prétexte que lui fournirent deux incidents sans grande importance pour réaliser un projet qu'il caressait depuis quelque temps.

D'une part, la Porte n'invita pas à une réception qu'elle offrait au corps diplomatique M. Guéchof envoyé du prince, en déclarant qu'il ne représentait pas une puissance étrangère. M. Guéchof rentra aussitôt à Sofia.

D'autre part, le personnel de la ligne de Sarambey-Harmanli restée turque, quoique en terre bulgare, se mit en grève. Le prince fit occuper la ligne par un régiment et, en affirmant sa volonté de la garder, vu sa valeur stratégique pour son État, offrit de payer une indemnité.

Abdul-Hamid protesta, mais l'Empire ottoman était trop occupé de ses divisions politiques pour se permettre une action quelconque et, suivant le vœu de ses sujets, le prince Ferdinand proclama l'indépendance complète de la Bulgarie et son érection en royaume autonome, le 5 octobre 1908, à Tirnovo. Puis, d'accord avec le tsar Nicolas, il accorda à la Turquie une somme de 82 millions comme indemnité du rachat de la voie Sarambey Harmanli et de la redevance annuelle rouméliote.

Mais ce résultat devint bientôt insuffisant pour deux raisons : d'abord, les populations d'Epire, de Vieille-Serbie, de Macédoine et de Thrace ne pouvaient plus supporter le joug ottoman ; ensuite le pangermanisme, dirigé par Berlin qui faisait agir Vienne, commençait à jeter sur Salonique et sur le centre des Balkans des regards de convoitise. Ferdinand Ier comprit le danger et vit que, pour délivrer les opprimés des Turcs et résister à la vague allemande, l'union des États de la péninsule était indispensable ; il s'employa aussitôt à la réaliser et, ayant signé une première convention avec le Monténégro, lui assurant en cas de triomphe une partie du sandjak de Novi-Bazar, puis s'étant entendu avec le roi Pierre de Serbie et l'intelligent ministre grec M. Venizelos, il réussit définitivement dans son projet, et, en mai 1912, la

Serbie, la Bulgarie et la Grèce formaient un bloc dont la puissance allait bientôt se manifester.

En septembre, les gouvernements de Belgrade, de Cettigné, d'Athènes et de Sofia réclamèrent de la Turquie des réformes immédiates en Macédoine. Constantinople, fidèle à son principe, tergiversa, comptant sur l'Europe pour arrêter un conflit. Le 3o septembre, les États balkaniques signaient une convention militaire (1) et, le 9 octobre, le Monténégro déclarait la guerre à l'Empire ottoman.

Les puissances qui ne se rendaient pas compte de leur situation tentèrent, le 2, une démarche collective à Constantinople, demandant à la Porte l'application immédiate des réformes et déclarant qu'en aucun cas elles n'admettraient une modification quelconque au *statu quo* de la péninsule.

Les alliés, sachant la duplicité de leur adversaire et poursuivant leur plan, remirent aux ministres de Turquie à Belgrade, à Athènes et à Sofia, une note impérieuse réclamant la démobilisation turque, l'application des réformes avec le contrôle des royaumes balkaniques, la représentation proportionnelle de chaque nationalité au parlement, etc....

La Turquie répondit aux puissances qu'elle repoussait les demandes des coalisés, et en même temps, attaquait les Serbes; puis ayant signé, le 14, la paix avec l'Italie, elle déclarait la guerre, le 17, aux Serbes et aux Bulgares espérant encore

1. Voir chapitre II.

Les Princes héritiers des États balkaniques.

gagner la Grèce à sa cause ou, du moins, s'assurer de sa neutralité. Mais les Hellènes suivirent les alliés dans le conflit.

Nous examinerons plus loin et plus sommairement la marche glorieuse des Serbes et des Grecs. Voyons, d'abord, la campagne des Bulgares.

Si l'on regarde une carte des Balkans, on verra facilement que la seule voie de communication entre la Bulgarie et la Thrace est la vallée de la Maritza ; j'entends la seule voie utilisable pour une armée ; cette opinion, d'ailleurs classique, était celle des spécialistes militaires qui avaient étudié la question et celle aussi des généraux turcs. Ces derniers avaient précisément organisé en 1910, sous la direction du maréchal von der Goltz, des manœuvres sur le thème suivant : Andrinople étant investie par une armée bulgare, deux autres armées bulgares descendent à l'est et à l'ouest de la ville pour se réunir entre Dimotika et Hafsa et attaquer une armée turque concentrée autour de Lüle-Bourgas.

Or, en 1911, l'état-major bulgare, désirant se rendre compte de l'exactitude de l'opinion émise par tous au sujet de l'Istrandja Dagh, envoya plusieurs officiers examiner ces montagnes. A leur retour, ils déclarèrent que la traversée de ces chaînes abruptes serait très difficile pour une armée, mais qu'elle serait *possible*.

Les généraux bulgares conçurent alors un plan de campagne grandiose. Tandis qu'une fausse concentration aurait lieu à Haskovo, une armée se formerait au nord de l'Istrandja Dagh et marcherait directement sur Kirk-Kilissé.

Les trois armées bulgares se constituèrent ainsi :

Première armée : général Koutintchef, 1re, 3e et 10e divisions.

Deuxième armée : général Ivanof, 8e, 9e et 11e divisions.

Troisième armée : général Radko-Dimitrief, 4e, 5e et 6e divisions.

Deux divisions, la 10e et la 11e étaient nouvelles, et les deux divisions de Philippopoli et de Doubnitza furent destinées à manœuvrer dans le Rhodope et en Macédoine.

La deuxième armée se concentra sur Harmanli et la Maritza (suivant le thème turc) et la première armée reçut l'ordre de se concentrer à Haskovo (figurant ainsi le corps de l'ouest du thème turc); puis, au moment où les troupes approchaient de cette ville, elles furent envoyées directement à Yamboli, au sud-est de la Bulgarie, et s'établirent définitivement à Kizil-Agatch, dans la vallée de la Toundja.

La concentration semblait donc pour les Turcs, dont les agents espionnaient en Bulgarie, la suivante : une armée à Haskovo, une autre à Harmanli, une troisième vers Yamboli et Kizil-Agatch. Cette conception était erronée, grâce au stratagème que nous venons de constater, et deux armées seulement étaient formées, l'une à Harmanli, l'autre à Kizil-Agatch. Que devenait la troisième ? Commandée par le général Radko Dimitrief, elle se massait à l'est vers Straldja et se préparait à jouer le rôle décisif de la campagne.

Le 17 octobre, une division de cavalerie sous les ordres du général Nazlumof se déployait de la Toundja à la Mer Noire en formant rideau, tandis que le colonel Tanef faisait de même dans la vallée de la Maritza. A Haskovo se trouvait une brigade qui devait opérer dans les Rhodopes, tandis que deux autres brigades se préparaient à entrer en Macédoine au sud de Philippopoli, de même que la division de la Strouma.

L'objectif immédiat et direct de l'état-major fut donc : prendre à tout prix Kirk-Kilissé, c'est-à-dire ouvrir à l'armée bulgare un passage qui lui permît de marcher sur Lüle-Bourgas et Constantinople.

Les troupes turques d'Andrinople ayant pris l'offensive dès le lendemain de la déclaration de guerre, se virent immédiatement enlever Mustapha-Pacha, mais, tandis que Mahmoud Moukhtar occupait Kirk-Kilissé avec 25.000 hommes, Abdullah Pacha accourait entre les deux villes avec 65.000 hommes. Mais, le 19 octobre, Koutintchef l'attaquait de front, descendant par la Toundja ; son avant-garde fut d'abord fortement éprouvée à Tatarlar et Seliolu, mais, décidé à passer coûte que coûte, il lança toutes ses forces sur Seliolu Guerdeli et Genidjé qu'il emportait le 23. Un coup de théâtre allait décider du succès décisif. Le 21, le général Radko Dimitrief avait franchi la frontière et s'était engagé dans les défilés de l'Istrandja Dagh entre Eski-Polos et Eri-Kléré. Ses premières colonnes rejetèrent facilement les bataillons ennemis qui se replièrent sur Petra où ils tentèrent en vain de résister aux vainqueurs; pendant ce temps, Mahmoud Mouhktar et son aide, le major allemand Hochwaechter, persuadés que le gros des forces bulgares se trouvait entre la Maritza et la Toundja, faisaient sortir de la ville de Kirk-Kilissé la majeure partie de leurs troupes. Apprenant enfin l'arrivée des Bulgares par le nord-est, il résolut une attaque de nuit; à peine l'avait-il commencée, que ses régiments, écrasés par l'impétueux élan des soldats de Radko Dimitrief tourbillonnaient et s'enfuyaient dans une effroyable panique.

La pluie seule et la fatigue de cette marche en avant empêchèrent la troisième armée de poursuivre les Turcs et Mahmoud put, avec son état-major, prendre le train pour Eski-Baba (23 octobre).

Le 24, elle occupait Kirk-Kilissé abandonné par les Ottomans.

De son côté, le général Ivanof poursuivait l'investissement d'Andrinople et, ayant déjoué le 23 une tentative de mouvement tournant des Turcs à Yourouch, les resserrait de plus en plus dans une tenaille d'acier.

Dimitrief et Koutintchef, dès la victoire de Kirk-Kilissé, avaient repris la route du sud; le 25, ils poussèrent jusqu'à Tchiflik-Moudra et Kavak-Déré, avec leur gauche à Uskubdere. Le 27, ils entrèrent de nouveau en contact avec l'ennemi.

Celui-ci, désorganisé, démoralisé par la défaite,

Les Souverains alliés : Nicolas 1ᵉʳ de Monténégro, Ferdinand 1ᵉʳ de Bulgarie, Pierre 1ᵉʳ de Serbie, Georges 1ᵉʳ de Grèce.

n'ayant plus que quelques officiers de valeur, la majorité ayant reçu leur grade suivant les orientations de la politique, était toujours sous les ordres d'Abdullah Pacha qui tenta encore de relever la fortune de la Turquie. Abouk Pacha occupa Lüle-Bourgas avec le Ve corps et ce qui restait du Ier décimé à Lozengrad (Kirk-Kilissé). Chefket Torghoud Bey se tenait près du Karaagatch avec le IIe. Enfin, Mahmoud Mouktar s'était établi sur la ligne de retraite de Saraï à l'extrême gauche des Bulgares.

Radko Dimitrief recommença le 28 l'attaque de la ville et le général Christof avec la 5e division, se portant entre Bunar Hissar et Tchiflik Teké, soutint seul l'effort des Turcs pour permettre à la première et à la deuxième armée d'opérer leur conversion vers le sud-est. Le général Christof, en lançant ses régiments sur les troupes ottomanes, comprit qu'il ne pourrait les culbuter vu son infériorité, mais il obtint un résultat important en les obligeant à déployer une grande partie de leurs forces, puis, se retranchant sur les mamelons de la rive droite du Karaagatch-Déré (Déré : ruisseau), il y résista durant deux jours entiers aux assauts ennemis à l'aide de son admirable artillerie du Creusot. Le soir du 29, la situation s'améliora par la présence de la 4e et de la 6e divisions de la troisième armée qui vinrent prolonger la droite de la cinquième. Mais les troupes de Dimitrief ne pouvaient plus progresser. Le 3o, Koutintchef entrait en ligne sur Varandi-Lüle-Bourgas, mais les Turcs tenaient toujours dans leurs formidables positions. Soudain, une brigade de la 6e division (troisième armée) se précipita vers onze heures du soir sur les retranchements ennemis et enleva à la baïonnette un des éperons surplombant le Karaagatch. Le lendemain matin plusieurs batteries et de nouveaux régiments accouraient dans cette brèche ouverte au milieu des lignes turques. Pendant ce temps, la 10e division entrant à Sourouj-Mouvelin s'y établit avec une forte artillerie et accabla l'aile gauche d'Abdullah Pacha qui commença à battre en retraite. Restait la droite avec Mahmoud Mouhktar ; elle dut céder le même jour devant l'élan des troupes de Dimitrief qui atteignaient Topchiköj le 1er novembre et, aidée d'une brigade venue de Bunar-Hissar, culbutait les derniers contingents qui luttaient encore à Tchiflik Teké. Le 2, les Bulgares arrivaient devant Viza. Il leur aurait fallu, à ce moment, une cavalerie qui leur aurait permis de poursuivre les Ottomans et soit de leur couper la route de Tchataldja, soit de les empêcher de s'y fortifier en augmentant leur désordre. Ils ne purent pas le faire et durent attendre quelques jours pour se reposer après une aussi terrible bataille, gagnée comme ils l'ont dit euxmêmes, avec nos méthodes, nos principes et nos canons. Puis, le 7, Koutintchef occupait Muratli, le 8, Tchorlou et un régiment s'emparait de Rodosto sur la mer de Marmara.

Le 13, la troisième armée au nord, la première au sud acculaient les Turcs dans leurs derniers retranchements. 160.000 Bulgares campaient aux portes de Constantinople.

Pendant ce temps, les divisions des Rhodopes s'emparaient de Kotchana, d'Istip, de Stroumitza, de Nevrocop, de Demir Hissar, de Serrès et de Drama. Le bombardement d'Andrinople avait commencé le 29 octobre. Les alliés de la Bulgarie n'avaient pas laissé plus qu'elle la Turquie dominer en Macédoine et en Epire.

Le Monténégro avait repoussé les Ottomans et pris Touzi, Bérana, Djakovitza, Ipek, Alessio, Saint-Jean-de-Medua et mis le siège devant Tarabosch, forteresse inexpugnable dominant Scutari.

Les Serbes, de leur côté, firent en douze jours une admirable campagne. Après avoir repoussé l'ennemi à quelques kilomètres de Vranie, le 21 octobre, ils marchaient sur Kumanovo tandis qu'une de leurs armées balayait le sandjak de Novi-Bazar. Le prince héritier Alexandre, à la tête de cinq divisions, livra bataille à Kumanovo ; le 23 et le 24, les troupes turques battues s'enfuyaient en désordre sur Monastir. Le 3 novembre, les Serbes reprenaient contact avec l'ennemi et lui infligeaient de nouveau une sanglante défaite à Prilep ; enfin, la victoire de Monastir (14 au 16 novembre) marquait l'écrasement complet de la Turquie en Macédoine et en Vieille-Serbie. Des détachements serbes traversaient l'Albanie et allaient occuper Durazzo sur l'Adriatique.

La Grèce, entrée en campagne le 19 octobre, mettait en ligne 100.000 combattants sous les ordres des généraux Danglis et Sapoundsakis et du Diadoque; victorieux, le 20, à Elassona, tandis que 30.000 hommes pénétraient en Epire et mettaient le siège devant Janina et que l'amiral Condouriotis s'emparait de Lemnos et bloquait les ports turcs.

Le 4 novembre, le diadoque Constantin était encore vainqueur à Yenidjé-Vardar de Hassan Tashin Pacha et il entrait le 9 à Salonique, tandis que les colonnes bulgares du général Théodorof culbutaient au nord de la ville les dernières résistances ottomanes. Il ne restait plus que Scutari, Janina, Andrinople et Tchataldja à la Turquie. A ce dernier point, Nazim Pacha s'était admirablement fortifié sur un espace assez restreint et facilement défendable compris entre le lac de Derkos et le cap Karatouroun, sur lequel ne s'élevaient pas moins de trente-deux forts sur des collines de 150 à 200 mètres de hauteur. Cette barrière, faussement dénommée « ligne de Tchataldja » et devant s'appeler «lignes d'Hademkeuï», était encore protégée par la vallée de Karasou qui la sépare des escarpements de Tchataldja où campaient les Bulgares.

Ceux-ci ne pouvaient plus, contre cet obstacle, opérer un mouvement tournant quelconque, il fallait donc attaquer de front ; mais les généraux Savof et Dimitrief, soit qu'ils savaient qu'on ne les laisserait pas entrer à Constantinople, soit trouvant inutile d'exposer leur armée aux atteintes du choléra, ne tentèrent qu'un assaut partiel soutenu par l'artillerie, les 17, 18 et 19 novembre, sur la gauche ennemie. Ayant d'abord progressé sur Lazarkoj et repoussé les Turcs, ils regagnèrent lentement le troisième jour du combat leurs posi-

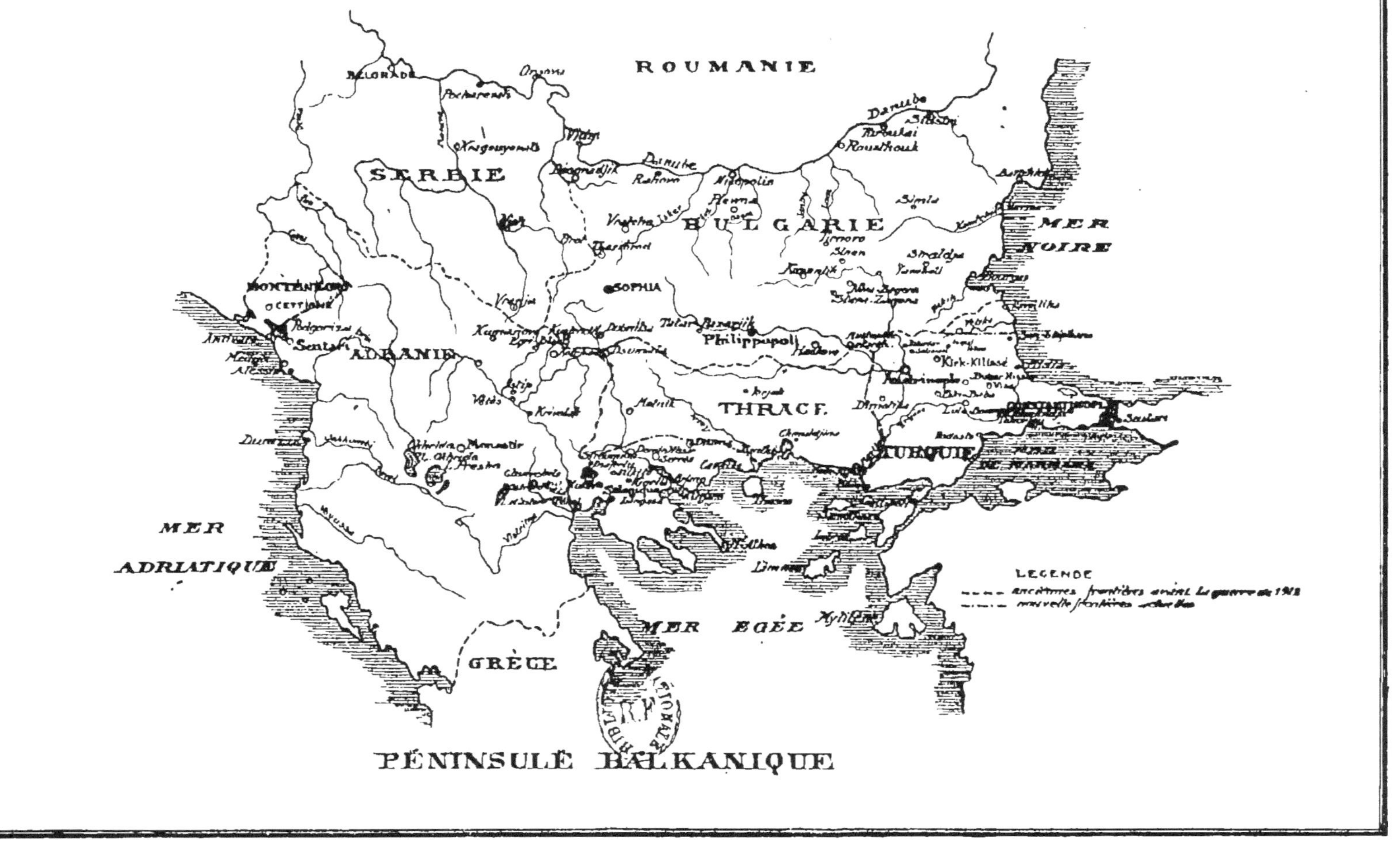

PÉNINSULE BALKANIQUE

tions de l'ouest ; le tsar Ferdinand ne devait pas, cette fois encore, entrer victorieux à Constantinople.

Mais les troupes ottomanes de Thrace et de Macédoine n'existaient plus et, un jour ou l'autre, les Bulgares reposés et renforcés pouvaient enlever ce dernier rempart de l'Islam. Un armistice fut donc signé le 3 décembre à Tchataldja ; il notifiait que :

1° Les armées belligérantes garderaient leurs positions.

2° Les forteresses de Scutari, de Janina et d'Andrinople ne seraient pas ravitaillées.

3° Les armées bulgares seraient ravitaillées par la mer Noire et la gare d'Andrinople.

4° Une conférence de la paix se réunirait à Londres le 13 décembre.

Les négociations s'ouvrirent à Londres le 14 décembre. Rechid Pacha représentait la Turquie, M. Venizelos la Grèce, M. Novakovitch la Serbie, M. Miouchkovitch le Montenegro, M. Danef la Bulgarie. Les alliés demandaient *grosso modo* à leur adversaire l'abandon de la Turquie d'Europe jusqu'à une ligne suivant la Maritza, l'Ergène et joignant les ports d'Enos et de Midia, puis la cession à la Grèce des îles de l'Égée et la reconnaissance de l'autonomie albanaise (1) avec contrôle des alliés. La Turquie, soutenue par l'Allemagne et l'Autriche, montra d'abord une intransigeance étrange, puis le sage Kiamil Pacha, comprenant

_____

1. La question albanaise est brièvement traitée au chapitre II, quant à ses rapports avec la Serbie.

justement la situation, décida de conserver encore les vestiges de la puissance ottomane et de signer la paix immédiatement afin de ne pas être obligé de faire de nouvelles concessions.

Mais, le 23 janvier, une émeute éclatait à Constantinople.

Enver Bey, un des chefs du parti « Union et Progrès », se précipitait avec plusieurs officiers et révolutionnaires dans le palais du Grand Vizirat, tuait d'un coup de revolver le malheureux Nazim Pacha à qui les Turcs devaient l'organisation des défenses d'Hademkeuy, forçait Kiamil Pacha à démissionner et le remplaçait par Mahmoud Chefket, l'ami de l'Allemagne.

Devant ces événements, les Balkaniques, sentant que la paix ne serait pas conclue, rompirent les négociations et reprirent les hostilités, le 3 février, à 7 heures du soir.

La seconde phase de la guerre ne ramena pas la victoire au camp musulman. Janina tombait, Scutari se rendait au roi Nicolas et Chukri Pacha, l'héroïque défenseur d'Andrinople, remettait son épée au général Ivanof le 13/26 mars 1913.

La Turquie, à bout de forces, se décida à négocier.

Les délégués se réunirent de nouveau à Londres et conclurent, le 30 mai, le traité dont voici les principales dispositions :

LE TRAITÉ PRÉLIMINAIRE DE PAIX

ARTICLE PREMIER. — Il y aura, à dater de l'échange des ratifications du présent traité, paix et amitié entre

Sa Majesté Impériale le Sultan de Turquie, d'une part, et Leurs Majestés les souverains alliés, d'autre part, ainsi qu'entre leurs héritiers et successeurs, leurs États et sujets respectifs, à perpétuité.

Art. 2. — Sa Majesté Impériale le Sultan cède à Leurs Majestés les souverains alliés tous les territoires de son Empire sur le continent européen à l'ouest d'une ligne tirée d'Enos, sur la mer Egée, à Midia, sur la mer Noire, à l'exception de l'Albanie.

Le tracé exact de la frontière d'Enos à Midia sera déterminé par une commission nommée par (l'Europe).

Art. 3. — Sa Majesté Impériale le Sultan et Leurs Majestés les souverains alliés déclarent remettre à Sa Majesté l'Empereur d'Allemagne, à Sa Majesté l'Empereur d'Autriche, roi de Hongrie, à Monsieur le Président de la République Française, à Sa Majesté le Roi de Grande-Bretagne et d'Irlande, Empereur des Indes, à Sa Majesté le Roi d'Italie et à Sa Majesté l'Empereur de toutes les Russies, le soin de régler la délimitation des frontières de l'Albanie et toutes autres questions concernant l'Albanie.

Art. 4. — Sa Majesté Impériale le Sultan déclare céder à Leurs Majestés les souverains alliés l'île de Crète et renoncer en leur faveur à tous les droits de souveraineté et autres qu'il possédait sur cette île.

Art. 5. — Sa Majesté Impériale le Sultan et Leurs Majestés les souverains alliés déclarent confier à Sa Majesté l'Empereur d'Allemagne, Sa Majesté l'Empereur d'Autriche, roi de Hongrie, à Monsieur le Président de la République Française, à Sa Majesté le Roi d'Italie, à Sa Majesté l'Empereur de toutes les Russies, le soin de statuer sur le sort de toutes les îles ottomanes de la mer Egée (l'île de Crète exceptée) et de la péninsule du Mont Athos.

Art. 6. — Sa Majesté Impériale le Sultan et Leurs

Majestés les souverains alliés déclarent remettre le
soin de régler les questions d'ordre financier résultant
de l'état de guerre qui prend fin et des cessions territoriales ci-dessus mentionnées à la commission internationale convoquée à Paris à laquelle ils ont délégué
leurs représentants.

ART. 7. — Les questions concernant les prisonniers
de guerre, les questions de juridiction, de nationalité
et de commerce seront réglées par des conventions
spéciales.

La Bulgarie s'étendait donc jusqu'à Lüle-Bour-
gas et voyait se reconstituer, sous le sceptre du roi
Ferdinand, l'empire de Kroum, de Boris et de
Siméon le Grand !

Mais, ainsi que le spécifie l'article 6, les questions
financières restaient encore à discuter et leur importance est évidente, étant donné les dépenses
causées par la guerre aux belligérants. Je reproduis
ici à ce sujet les déclarations faites au *Matin* par
Rechid Safvet Bey, du côté ottoman, et par
M. Stanciof, ministre de Bulgarie à Paris, du côté
bulgare.

LE BILAN D'UNE GUERRE

L'Indemnité de Guerre

Que pense-t-on en Turquie de la demande des alliés
concernant une indemnité de guerre ?

J'ai déjà longuement exposé dans *le Temps* du
17 mars les raisons historiques, économiques et financières pour lesquelles il était oiseux de réclamer une
indemnité à la Turquie. La chute d'Andrinople n'enlève

rien à mon argumentation. La Turquie ne s'est pas enrichie par la reddition d'Andrinople ; ses créanciers ne paraissent pas plus disposés qu'hier à la voir acculer à une banqueroute ou à la charger de nouveaux engagements destinés, non à l'aider à se relever, mais à payer les frais des ambitions balkaniques.

Les Bulgares prétendent avoir fait de nouveaux sacrifices. Comme si on leur avait demandé de les faire ! Il n'est pas dit que la Turquie payera *ad vitam æternam* tous les coups de tête des Bulgares mus, en l'occurrence, par un sentiment d'émulation facilement explicable chez toutes les jeunes nations. Il est loisible au roi Ferdinand de juger que la simple gloire d'une entrée triomphale à Andrinople valait l'hécatombe de dix mille de ses sujets. Comment expliquer autrement cet assaut meurtrier, si réellement la cession d'Andrinople entrait dans les décisions des puissances.

La question territoriale et la dette ottomane

Comment se règleront les questions territoriales au point de vue financier et comment se répartira la dette publique ottomane sur les territoires cédés ?

La dette ottomane afférente aux territoires cédés sera répartie entre les États cessionnaires en proportion des revenus fiscaux des territoires qui leur écherront. Les puissances paraissent admettre que les intéressés aient voix dans la discussion des détails de cette question, dont la base sera établie à Londres. Il est presque décidé que la commission internationale qui s'en occupera ensuite siègera à Paris, en raison de la prédominance des intérêts financiers de la France en Turquie autant que dans les Balkans.

(Paroles de Rechid Safvet Bey.)

LE BILAN D'UNE GUERRE

La Bulgarie est obligée de demander une indemnité de guerre, car les hostilités et leur prolongation n'ont point été sans lui causer de graves dommages, une perturbation économique, des dépenses d'armement et d'entretien de l'armée considérables, une détérioration de son matériel.

Sans doute, elle va faire des acquisitions territoriales appréciables, mais elle ne fait que recueillir le fruit matériel de ses victoires et réunir ses frères bulgares hier encore séparés.

Les provinces qui vont devenir siennes, dans quel état va-t-elle les trouver ? Il faudra reconstruire les monuments publics, les arsenaux, quantité d'immeubles dans les aglomérations comme Andrinople où les ruines ont été accumulées.

Toute cette œuvre de reconstitution va coûter très cher à la Bulgarie. Elle l'entreprendra avec la vaillance, le courage et le sentiment patriotique qu'elle a témoignés déjà sur le terrain militaire comme sur le terrain économique.

Mais, si la Bulgarie ne veut point porter tort aux créanciers de la Turquie, elle doit également se préoccuper de la situation de ses propres créanciers.

Comment pourrait-on admettre que la situation des créanciers de la Bulgarie, pays vainqueur, fût considérée comme moins intéressante que celle des créanciers de la Turquie, pays vaincu ?

Appel au Crédit public

La Bulgarie va être obligée de faire appel au crédit public. Ce serait lui interdire de contracter des emprunts à un taux raisonnable que de ne pas lui faciliter sa réorganisation financière.

Et si la Bulgarie est obligée de contracter des emprunts à des conditions onéreuses et peu en rapport d'ailleurs avec les perspectives de développement économique que l'élargissement de ses frontières lui permet d'entrevoir, n'est-ce pas porter atteinte aux porteurs anciens de la Dette Bulgare ?

Ces porteurs devraient, au contraire, pouvoir espérer tirer de la victoire bulgare une plus-value de leurs titres. Comment les puissances, si soucieuses des intérêts de leurs nationaux, porteurs de fonds turcs, ne porteraient-elles pas le même intérêt aux porteurs de fonds bulgares ?

La Bulgarie doit-elle supporter les conséquences de la mauvaise gestion des finances turques et de l'anarchie qui s'y est révélée ?

La Bulgarie demande une indemnité de guerre. Elle n'entend point accabler la Turquie — et indirectement ses créanciers étrangers — du paiement immédiat d'une indemnité en capital. Elle est toute disposée à tenir compte des contingences et à laisser la Turquie se libérer progressivement par des annuités, de l'indemnité qu'elle lui réclame.

Pourquoi voit-on dans cette demande d'indemnité un danger tel qu'on se refuse même à en admettre le principe — et la discussion ? Pourquoi ne se réunit-on point pour discuter de cette question de l'indemnité ? On se rendrait pourtant compte, si on l'examinait, qu'elle ne peut être l'épouvantail qu'on en fait.

Pourquoi seulement charger la Bulgarie et ses alliés et ne songer qu'à alléger la Turquie ? Ne vivons-nous donc pas dans un siècle où règnent l'égalité, la justice et la logique ?

La Bulgarie — c'est un fait — n'a pas hésité à déclarer qu'elle prendrait à sa charge une quote-part raisonnable de la dette de l'empire ottoman.

La part de la Bulgarie dans la dette publique ottomane.

Vous me demandez quel sera le mécanisme financier employé pour prendre sur nous une part contributive dans la dette publique ottomane ?

Je ne saurais sur ce point m'engager, alors que les commissions étudient encore cette question. Mais, cependant, je puis vous indiquer qu'à mon sens, si nous demandons que l'indemnité nous soit payée par annuités (vous remarquerez que je tiens à la concordance du règlement des deux questions), nous demandons aussi à avoir à payer notre quote-part dans la dette par annuités en payant la rente et non en payant le capital.

Pourquoi obliger l'épargne française à souscrire en faveur de la Bulgarie un emprunt dont le montant serait immédiatement acquis à la Turquie ?

Il est bien plus intéressant pour le petit capitaliste français d'avoir à souscrire à un emprunt bulgare, dont le montant sera employé au développement économique du pays, à son outillage. De cette façon, ce petit capitaliste sera intéressé à l'essor du pays et en recueillera une partie du bénéfice par la plus-value qu'acquerront ses titres.

La Bulgarie ne touchera point aux gages que la Turquie a concédés aux créanciers étrangers dans les vilayets européens.

(Paroles de M. Stanciof.)

Des événements que nous examinerons plus loin sont venus modifier les dispositions du traité de

Londres, des dispositions nouvelles ont été prises, mais il m'a semblé intéressant, alors que les questions financières sont à l'ordre du jour, de rappeler les opinions émises au printemps dernier sur ce sujet.

Cependant, on le croyait du moins, le traité du 30 mai terminait l'éruption balkanique et restreignait l'empire ottoman à des territoires encore trop considérables pour les alliés et qu'il allait cependant agrandir trois mois plus tard.

La guerre balkano-turque avait coûté aux coalisés :

1° Chez les Bulgares (1) : 320 officiers tués, 915 blessés, 32.967 soldats et sous-officiers morts, 52.780 blessés, soit en tout 86.979, dont à Andrinople, 42 officiers tués, 98 blessés, 2.081 sous-officiers et soldats morts et 7.672 blessés.

2° Chez les Serbes : 30.000 hommes tués ou blessés, 8.000 malades.

3° Chez les Grecs : 11.000 tués ou blessés, 5.000 malades.

4° Chez les Monténégrins : 8.000 hommes tués ou blessés.

---

1. La Bulgarie a eu sur pied pendant a guerre :
490.000 hommes dans l'armée régulière
  70.000   —   dans les services des derrières de l'armée ;
  70.000   —   dans le train des équipages.

CHAPITRE II

Le conflit Serbo-Bulgare. — Le traité de 1912. — La
convention militaire du 28 septembre 1912. — L'Autriche et le différend Bulgaro-Grec à Salonique. —
L'Autriche et la Serbie. — Prétentions serbes et bulgares. — Prétentions grecques.

Chacun connaît, ou du moins doit connaître, les
animosités qui existent entre les races grecques et
bulgares, aussi personne ne s'étonnait des que-
relles qui éclataient à tout moment entre ces deux
peuples, même après l'alliance balkanique. Mais
qui aurait pu supposer que la crise véritable allait
se produire du fait des Serbes et des Bulgares ! Ce
fut cependant ce qui arriva, et un examen quelque
peu attentif des événements qui la précédèrent
nous en donnera l'explication.

En prévision d'un conflit avec la Turquie et de
la nécessité d'une action militaire, les gouvernements de Belgrade et de Sofia se mirent d'accord
et signèrent, le 13 mars 1912, un traité qui n'a
jamais été publié *in extenso*, mais dont *le Temps*
du 18 juin 1913 a donné des analyses fort détail-
lées que l'on affirme être exactes. Les voici :

TRAITÉ SERBO-BULGARE DU 13 MARS 1912

Le Temps, 18 juin 1913.

I. — Un traité d'amitié et d'alliance. Dans cet instrument ont été consignées tout d'abord les garanties

réciproques de l'indépendance et de l'intégrité des deux pays. Le traité prévoit une action défensive commune contre toute tentative étrangère d'annexer, d'occuper ou d'envahir n'importe quelle partie du territoire balkanique se trouvant sous la domination de la Turquie.

Il prévoit aussi la conclusion d'une convention militaire qui fera partie constitutive du traité d'alliance et dans laquelle sera déterminé jusqu'au moindre détail tout ce que chaque partie aura à entreprendre en cas de guerre.

II. — *Annexe secrète.*

Cette annexe prévoit l'hypothèse d'une action commune militaire contre la Turquie, soit dans le cas où une intervention des parties contractantes deviendrait nécessaire par suite des désordres intérieurs en Turquie, soit dans le cas où le maintien du *statu quo* dans la péninsule balkanique serait mis en question pour des causes extérieures ou intérieures.

Toutes les acquisitions territoriales réalisées tomberont sous la domination commune (*condominium*) des deux alliés, et leur liquidation se fera dans un délai de trois mois après le rétablissement de la paix sur les bases suivantes :

La Serbie reconnaît à la Bulgarie le droit sur les territoires situés à l'est de la montagne Rhodope et de la rivière Strouma et le lac d'Okhrida. Si les deux parties arrivent à la conviction que l'organisation de cette région en province autonome est impossible par suite des intérêts généraux des nationalités serbes et bulgares ou d'autres considérations intérieures ou extérieures, il sera procédé, à l'égard de ces territoires, de la manière suivante :

a) Sur une carte annexée à cet instrument, a été tirée du point Golumi, Vrh, au nord d'Egri-Palanka passant au milieu de l'Outché-Polié, traversant le Vardar à quelques kilomètres au nord de la ville de Velés et descendant sur le lac d'Okhrida à proximité et au nord de la ville du même nom.

b) La Bulgarie s'engage à accepter cette frontière au cas où l'empereur de Russie, qui sera sollicité d'être l'arbitre suprême dans cette affaire, se prononcerait en faveur de cette ligne.

c) Il est entendu que les deux parties s'engagent à accepter comme frontière définitive la ligne que l'empereur de Russie aurait trouvée dans les limites ci-dessus indiquées comme la plus conforme aux droits et aux intérêts des deux parties.

d) Tout différend qui surgirait à l'occasion de l'interprétation ou de l'exécution de n'importe quelle disposition dudit traité de l'annexe secrète et de la convention militaire, sera soumis à la décision définitive de la Russie aussitôt que l'une ou l'autre partie aura déclaré qu'elle considère qu'il est impossible d'arriver à une entente par les négociations directes.

III. — *La convention militaire.*

La Bulgarie et la Serbie s'engagent, en cas de guerre, à entrer en Turquie, la première avec 200.000 combattants au moins, et la seconde avec 150.000 combattants au moins.

Au cas où la Serbie et la Bulgarie, après entente préalable, déclareraient la guerre à la Turquie, l'une et l'autre seront obligées d'envoyer sur le théâtre du Vardar chacune une armée forte d'au moins 100.000 combattants.

Au cas où l'Autriche-Hongrie attaquerait la Serbie,

la Bulgarie est obligée de déclarer la guerre immédiatement à l'Autriche-Hongrie et d'envoyer en Serbie une armée de 200.000 combattants au moins afin de mener avec l'armée serbe toutes opérations, soit défensives, soit offensives.

La Bulgarie a la même obligation envers la Serbie au cas où l'Autriche-Hongrie, sous n'importe quel prétexte, avec ou sans consentement de la Turquie, entrerait avec ses troupes dans le sandjak de Novi-Bazar. Si cette action de l'Autriche provoquait de la part de la Serbie une déclaration de guerre ou si la Serbie, pour protéger ses intérêts, faisait passer ses troupes dans le sandjak et qu'il en résultât un conflit armé entre elle et l'Autriche-Hongrie, la Bulgarie lui devrait la même assistance.

Les deux premiers instruments ont été signés par les souverains et présidents des conseils des deux pays, et le troisième par eux et par le chef d'état-major général des armées serbes et bulgares.

Et voici que l'interprétation du texte différait dans des proportions considérables :

Lorsque nous avons signé le traité de 1912, disaient les Serbes, il était surtout fait en vue d'obtenir de la Turquie des réformes promises aux populations macédoniennes par le traité de Berlin, et de nous mettre d'accord sur l'éventuelle frontière des provinces autonomes. En cas de guerre, le partage de la Macédoine délimitait deux zônes de territoires incontestées donnant aux Bulgares la région située à l'est d'une ligne partant de la frontière ancienne, suivant les Rhodopes, la Strouma et aboutissant au golfe d'Orfano. Pour nous, la zône incontestée était limitée par les monts du Karadagh, du Char Planina, comprenait le vilayet de Scutari, et venait finir au sud de Durazzo. Quant à la partie discutable, elle suivait à peu près une ligne passant à l'ouest de Kœprulu et touchant le lac d'Okrida. Toute la partie à l'est de cette ligne était considérée comme plutôt bulgare, mais il était dit qu'en cas de contestation on aurait recours à l'arbitrage russe.

Or, nous avons fait beaucoup plus que notre accord ne nous le signifiait. Ce n'est pas 150.000 hommes que nous avons mobilisé, mais 350.000, et les Bulgares devaient nous aider de 100.000 hommes sur le Vardar. Nous nous en sommes passé et nous avons allégé la Bulgarie du poids énorme qu'aurait été l'obligation de distraire de la Thrace une pareille masse ! En outre, en cas de conflit avec l'Autriche, la Bulgarie était tenue de nous envoyer un secours de 200.000 hommes. Or, nous avons cédé à l'Autriche, renoncé au vilayet de Scutari et à Durazzo et, ainsi, n'avons pas demandé à nos alliés cette aide. Ne doivent-ils pas nous indemniser de ce fait? Enfin nous avons, dans leur seul intérêt, prolongé la guerre d'au moins cinq mois, car la paix aurait été possible après Lüle-Bourgas si les Bulgares n'avaient maintenu toutes leurs exigences. Nous les avons soutenus et leur avons même fourni deux divisions pour le siège d'Andrinople, et, en dernier lieu, grâce à notre concours, ils ont obtenu beaucoup plus qu'ils ne l'espéraient. Nous leur proposons donc de laisser de côté un traité dont nous avons outrepassé les obligations et de partager les territoires conquis, avec équité, c'est-à-dire en nous donnant la région limitée par une ligne partant du sud-est d'Egri-Palanka et laissant Istip aux Bulgares, coupant ensuite le lac de Dorijan et allant rejoindre la frontière des Grecs avec lesquels nous nous arrangerons toujours, bien que n'étant pas d'accord sur certains points.

Ce qui veut dire simplement : nous ne voulons plus du traité de 1912, nous ne voulons pas évacuer les terres de Macédoine que nous occupons; nous sommes décidés à en rester possesseurs malgré l'engagement que nous avons pris, parce que le résultat de la guerre a été tout différent de ce à quoi nous nous attendions ! .

Voyons maintenant, avant de commenter ces revendications, quelles sont les raisons que leur opposaient les Bulgares :

Certes, disaient-ils, vous vous êtes conduits envers nous en alliés très loyaux pendant la guerre, nous reconnaissons parfaitement votre attitude franche pendant les hostilités, mais il n'y a pas de raison de modifier le traité de 1912 qui prévoyait tous les concours que vous nous avez donnés et nous donne droit de prétendre à la ligne Egri-Palanka-Okrida. Nous n'avons pas à entrer dans vos discussions diplomatiques avec l'Autriche au sujet de Scutari. Nous vous aurions soutenu en cas de guerre. La guerre n'a pas eu lieu...

Les deux thèses contiennent une part de vérité et une part d'exagération faite probablement en vue de pouvoir accepter des concessions réciproques. Ces concessions n'ont pas été faites, mais voyons rapidement ce qu'il semble logique d'admettre ou de repousser. Que le traité de 1912 ait été surtout constitué pour demander des réformes à la Turquie et comme instrument diplomatique pacifique, le fait est, je crois, risible, car il n'est pas besoin d'une lecture très approfondie des extraits ci-dessus pour se rendre compte que les réformes ne sont qu'un prétexte et que les phrases qui les concernent ne sont que des « hors-d'œuvre », le plat de résistance étant représenté par les accords en vue d'un conflit armé. N'insistons pas sur ces mots évidemment *sans importance* : « La portion à l'est de cette ligne était considérée comme plutôt bulgare », en parlant de la ligne Kœprulu-Okrida (1), et passons aux reproches des Serbes aux Bulgares de ne les avoir pas aidés sur le Vardar.

Ces reproches sont liés à ceux faits encore par les Serbes aux Bulgares de ne plus avoir besoin

1. Il faut croire que cette appréciation ethnologique repose sur des bases plus sérieuses qu'elle ne le semble à première vue. Les indigènes des territoires occupés en effet par les troupes serbes après leurs victoires de 1912 et revendiqués par eux en mars 1913, sont beaucoup moins enthousiastes pour les vainqueurs de Kumanovo que ceux-ci ne veulent bien le dire. Quand on se renseigne auprès des habitants du pays, on constate que, sauf exception, ils se considèrent comme Bulgares et, tout en respectant le traité d'alliance conclu entre Belgrade et Sofia, ils manifestaient, au printemps dernier, une tendance générale, un sentiment profond et tenace d'attraction vers la Bulgarie et d'opposition contre la Serbie.

« Nous avons beaucoup souffert, répétaient à l'envi les gens de la ville (Okrida); mais au milieu de nos souffrances, notre seul espoir était que nous serions un jour réunis à la Bulgarie, notre patrie. Si la conférence des puissances devait donner à la Serbie notre pays et nos foyers, ce serait pour nous le dernier coup, nous n'aurions plus qu'une ressource : émigrer. »

Telles sont les paroles qu'entendit à Okrida M. Paul Scott-Mowrer et qu'il a répétées dans ses notes du *Chicago Daily News* et de *l'Illustration*. Les indigènes d'Okrida n'avaient donc aucune envie de devenir sujets serbes, bien

d'une partie de la Macédoine, puisqu'ils occupaient toute la Thrace. Or, un des points remarquables du traité de 1912, c'est de ne faire mention ni du vilayet d'Andrinople, ni de l'Albanie ; nous allons voir pourquoi cette omission voulue.

Reportons-nous aux années qui précédèrent le conflit balkano-turc et aux sentiments généralement exprimés à cette époque au sujet de la Macédoine et des pays environnants.

Tous souhaitaient la libération de la Macédoine et sa délivrance du joug qui l'opprimait (car l'Europe, alors même qu'elle est décidée à ne rien faire pour une victime, se répand presque toujours en

que la Serbie soit indiscutablement un pays civilisé ; et cette phrase d'un habitant de la petite cité à M. Stéphanof se passe de commentaires : « Eh ! dites-moi, comment cela va-t-il à Sofia ? Ils ne vont pas nous trahir avec les Serbes ! Nous ont-ils oubliés ? »
Mais il y avait encore mieux et je ne saurais rien trouver de plus typique que la lettre adressée par le lieutenant serbe à l'évêque bulgare d'Okrida lui notifiant d'avoir à ne mentionner dorénavant dans les prières de l'Eglise que les noms du roi Pierre et du prince héritier ; et même ce qui est plus curieux encore, c'est que le prélat recevait bientôt une seconde lettre lui demandant de rendre la première, ce qu'il refusa. Il est bien probable que les hautes autorités serbes ne furent pour rien dans l'incident qui n'est pas grave, et il est à supposer qu'elles ne se livrèrent pas à la petite enquête de M. Scott Mowrer qui lui révéla dans la ville huit écoles bulgares, une serbe et une valaque, et qu'elles crurent aux récits trop zélés peut-être de certains fonctionnaires ou officiers. Les habitants des régions environnant Okrida n'étaient pas seulement en conflit avec les Serbes, gens organisés, mais encore avec les Albanais qui occupent toutes les terres de l'Ouest et font encore de perpétuelles incursions sur les provinces voisines dans lesquelles ils laissent des traces... visibles à l'œil nu.

lamentations sur son sort !), mais personne ne songeait à réduire la Turquie à ses possessions asia-
tiques et à l'hinterland de Constantinople. Le but
sentimental, ou moral plutôt, de la guerre a été
dépassé, comme le disent les Serbes et comme
l'écrit M. L. Naudeau ; si le fait ne nous est apparu
que lorsqu'il se fut réalisé, est-il juste de croire
que les généraux et les hommes d'État de Belgrade
ne s'en sont doutés qu'en novembre 1912 ?

Est-il possible qu'ils aient été sincèrement persuadés que le principal théâtre de la guerre serait
la Macédoine ? Ce serait leur faire injure que de
les considérer comme capables de commettre une
erreur que pouvaient se permettre des profanes
comme nous, peu ou pas initiés aux affaires balkaniques. Mais nous pouvons admettre qu'ils comptaient, comme beaucoup de gens d'ailleurs, que les
troupes bulgares ne franchiraient pas la ligne Andri-
nople-Kirk-Kilissé, et si, même, elles parvenaient à
la contourner, qu'elles seraient arrêtées par les
armées ottomanes et rejetées sur leurs propres
frontières. En outre, comme dit encore M. Ludovic
Naudeau, il y avait là une sorte de fatalité géographique contre laquelle il est bien inutile de se révolter et qui devrait apaiser ceux qui reprochaient
aux Bulgares leur situation prépondérante (1).

Il est certain que la position d'une armée au

---

1. Il faut rendre à César ce qui est à César. Je tiens à
spécifier que ces remarquables observations sur le conflit
serbo-bulgare ne sont nullement de mon cru, mais de
M. Ludovic Naudeau à qui je les emprunte ne pouvant trouver mieux à ce sujet.

nord d'Andrinople était infiniment plus dangereuse pour la Turquie que les opérations militaires
de Macédoine, et j'exagérais même en disant tout
à l'heure que des profanes pouvaient l'ignorer, car
un simple coup d'œil jeté sur la carte nous le
prouve amplement. Nous avons vu dans le chapitre précédent quel fut le plan bulgare et comment il a été mené. Mais ce que nous n'avons pas
encore spécifié, c'est que, pour pouvoir exécuter
ce plan audacieux, alors que les régiments du Sultan se massaient autour d'Andrinople, l'état-major
bulgare signait, le 28 septembre, avec le haut commandement serbe, une convention nouvelle signi-
fiant que chacun serait libre d'employer ses troupes à son gré, au hasard des circonstances.

Les Serbes ont donc absolument raison quand
ils affirment que le but « moral » de la guerre a
été dépassé, mais il est un peu trop ironique de
leur part de dire qu'ils ne s'attendaient pas à un
tel résultat au moment du traité du 12 mars, car
ils sont gens plus intelligents qu'il ne le faut pour
se rendre compte de l'importance de la campagne
de Thrace et, en tous cas, il semblerait bien que
les généraux et hommes d'État de Belgrade
avaient joué à cette époque sur, sinon un échec,
du moins un médiocre succès de leurs alliés. Ce
n'était pas excessivement élogieux pour ceux-ci,
mais, disons-le de suite, on comptait sur une intervention européenne qui aurait arrêté les Bulgares
beaucoup plus que les Turcs n'ont pu le faire, tout
en servant admirablement la cause serbe, et ce
n'était vraiment pas si maladroit !

Tout se serait, à la rigueur, arrangé, malgré l' « intempestive » et surprenante campagne de Thrace, si une main habile n'était venue brouiller les fils des combinaisons balkaniques. Cette main fut celle de l'Autriche. Par son ancienne situation, la Serbie, limitée à l'est par la Bulgarie, au sud par la Turquie d'Europe, et à l'ouest par le Monténégro, n'avait, dans ces divers pays, aucune voie de communication facile avec les grands centres mondiaux, si ce n'est Constantinople qui était à une distance trop considérable pour lui servir utilement et la ligne de Vienne, celle-ci utilisable.

Ne pouvant donc user de ses propres moyens, cette malheureuse nation se trouvait, de par son commerce (1) (principalement l'exportation des porcs) tributaire de l'Autriche-Hongrie qui lui faisait, à chaque instant, payer chèrement cette « fatalité géographique » (2). Vint le traité de 1912. La Serbie s'y adjugeait, d'accord avec la Bulgarie, toute la région nord de l'Albanie, comprenant surtout les ports de Saint-Jean-de-Médua et de Durazzo, qui devaient lui donner sur l'Adriatique un débouché la libérant de la dépendance autrichienne et lui permettant d'obtenir un développement économique indispensable.

Tout alla donc bien jusqu'au jour où, les alliés se partageant les territoires conquis, le cabinet de

1. Pour le commerce et l'industrie serbes, se reporter aux notes qui leur sont consacrées au chapitre XI.

2. La tutelle autrichienne s'exerça surtout jusqu'en 1905. Depuis sa rupture avec l'Autriche-Hongrie, la Serbie a changé la direction de ses produits et les a poussés par Salonique vers l'Italie et l'Egypte. Mais ce n'est pas suffisant !

Vienne comprit le danger. Aussitôt, des troupes se concentraient devant Belgrade, et la monarchie dualiste inondant l'Europe de ses notes indignées, réclamait la création d'une Albanie autonome, à laquelle elle n'avait jamais songé auparavant, et prenait la défense des malheureux Albanais dont la situation lui était, d'ailleurs, totalement indifférente. Ce petit jeu lui coûta beaucoup de démarches, d'encre, de papier, et, surtout, d'argent, car la mobilisation de son armée du sud augmentait considérablement son budget déjà si lourd, et je ne parle même pas des corps concentrés en hâte vers la frontière russe au moment où, prête, disait-elle, à déclarer la guerre à la Serbie, elle craignait une intervention du tsar Nicolas II. Mais le résultat tant désiré fut obtenu : les grandes puissances décrétèrent la constitution d'une principauté d'Albanie qui enlevait tout espoir de port sur l'Adriatique au gouvernement de Belgrade. L'opinion publique serbe accepta mal cette solution et réclama la guerre à grands cris ; le roi Pierre eut la sagesse ou le tort, je n'ai pas à le juger, de la refuser, et, voulant une compensation territoriale à cette soumission forcée, se retourna vers la Bulgarie en lui demandant, avec les raisons citées plus haut, la cession des régions situées à l'ouest de la ligne Egri-Palanka-Dorijan.

Comme nous l'avons vu tout à l'heure, les Bulgares ne manifestèrent nullement l'intention d'accéder à ces désirs, se basant sur le traité du 13 mars 1912. Il est clair que le cabinet de Sofia était, strictement parlant, dans son droit, et que les diverses raisons données par les Serbes d'invalider en quelque sorte cet accord, n'étaient pas valables, sauf celle de l'intervention autrichienne; cependant, vu la nécessité dans laquelle se trouvaient les vainqueurs de Kumanovo de se rapprocher du Sud et de la mer Égée, nécessité vitale pour eux, il eût été plus généreux, et peut-être plus habile de la part des Bulgares, de les laisser occuper au moins une bande de terre allant de Kruchero à Vodena. En tous cas, l'arbitrage de l'empereur de Russie, arbitrage prévu dans le traité de 1912, était possible.

La situation diplomatique n'était, malheureusement, pas seulement tendue dans le nord de la péninsule, car, dans le sud, la Grèce et la Bulgarie s'entendaient de moins en moins.

Au début de la guerre balkano-turque, la Bulgarie avait dirigé vers le sud-ouest une armée sous les ordres du général Theodoroff chargée de marcher sur Salonique et d'accabler d'un côté les forces turques pendant que les Grecs les accablaient de l'autre. Nous passons sur les diverses opérations du général Sapoundsakis, du Diadoque, de Tashin Pacha et du général Theodoroff, pour arriver au moment où prit naissance la querelle qui devait s'envenimer dans de si inquiétantes proportions.

Dans la ville même de Salonique, les consuls ayant appris les premiers l'avance des Bulgares, celui d'Autriche s'occupa aussitôt de sauver d'un coup de maître la politique de Vienne et de la faire triompher, c'est-à-dire de la rendre toute puissante dans un port tant convoité. Il lança d'abord par la population israélite la nouvelle des progrès du général Theodoroff, puis, ayant gagné l'appui d'une partie du corps consulaire, au moyen du commandant du navire autrichien *Maria-Thérésa*, il tenta de réaliser le plan suivant :

En persuadant aux autorités civiles et militaires du danger qu'il y avait à laisser établir à Salonique les États balkaniques et en faisant demander par la population israélite la protection autrichienne, il sera facile d'opérer un débarquement des marins du navire de guerre et de faire régler la cité par une administration favorable à l'Autriche.

D'un autre côté, il fallait séparer définitivement Grecs, Serbes et Bulgares, les jeter les uns contre les autres, anéantir ainsi le bloc balkanique et livrer la Serbie à l'Autriche et la Bulgarie à la Roumanie, que l'on voulait voir simple instrument à la disposition de Vienne. Une occasion unique s'offrait pour l'exécution de ce projet : Salonique allait être infailliblement obligée de se rendre. Mais à qui se rendrait-elle ? Les Grecs étaient très près de la ville, dont ils n'étaient séparés que par quelques kilomètres et une partie des troupes turques, le reste, sous le commandement de Nadir Pacha, faisait face aux Bulgares. Or, ceux-ci avançaient toujours, en refoulant devant eux les régiments ottomans.

Je n'entrerai pas dans les minuties et les infimes détails des négociations engagées entre les autorités civiles et militaires qui ne parvenaient

pas à se mettre d'accord, les uns voulant se rendre, les autres lutter encore ; toujours est-il que,
le 25 octobre/7 novembre, les consuls d'Allemagne,
de France et d'Angleterre se rendirent au camp
du Diadoque pour s'interposer comme médiateurs
entre lui et Tashin Pacha. Mais ce dernier refusa
le 26 octobre/8 novembre d'accepter les conditions
grecques et une délégation d'habitants de Salonique se rendit près du général Theodoroff pour
lui demander les siennes. Les trouva-t-on trop
dures, ou trop habiles seulement, ou n'arrivèrent-
elles pas à temps ? Je n'en sais rien ; cependant,
presque au même moment, les consuls pressèrent
vivement les négociations turco-grecques, et, le
soir même de ce 26 octobre/8 novembre, Hassan
Tashin Pacha acceptait les conditions grecques et
convenait de l'entrée à Salonique du Diadoque
pour le 28 octobre/10 novembre. Mais, dans la
nuit, les Turcs, semblant vouloir reprendre les
hostilités du côté des Bulgares, tirèrent sur ceux-
ci qui engagèrent le combat et culbutèrent les batteries ottomanes ; puis le général Theodoroff envoya à Tashin Pacha des parlementaires. Le Diadoque fit alors officiellement prévenir le général
de la reddition de la ville aux troupes grecques. Le
10 novembre, le Diadoque faisait son entrée à
Salonique, suivi par le roi Georges, tandis que
les princes Boris et Cyrille de Bulgarie arrivaient
par les quartiers du nord accompagnés de M. Stanciof, l'éminent ministre de Bulgarie à Paris (qui
était lieutenant à la Garde royale et n'a pris
aucune part officielle aux engagements, discus-

sions ou conventions bulgaro-grecques à Salonique).

Tel fut l'incident qui, aggravé par des puissances ennemies des Balkaniques, devint le point de départ d'une querelle malheureuse qui aboutit à une guerre terrible, comme nous allons le voir plus loin.

Et alors commença la pénétration grecque dans les territoires macédoniens, pénétration fort habile, mais qui devait obligatoirement heurter l'autorité bulgare préétablie.

Voici d'ailleurs les faits dans leur sèche netteté:

Le 11/24 novembre 1912, sur l'ordre du commandant de la 9ᵉ division, une autorité régulière fut constituée à Langasa. Du 29/11 au 21 novembre, le 49ᵉ et le 50ᵉ Bulgares furent casernés dans la ville et, si l'on n'institua pas plus tôt les autorités bulgares, c'est parce que les anciennes autorités ottomanes continuaient à remplir leur tâche à la satisfaction de tout le monde. Trois jours après, une demi-compagnie grecque arriva sur les lieux et institua clandestinement une sorte de gouvernement local représenté par quelques gendarmes helléniques. Après le départ des régiments bulgares, il n'y resta que la demi-compagnie grecque qui profita de l'occasion pour s'emparer du konak et pour y hisser le drapeau hellénique. Sur ces entrefaites, un bataillon bulgare du 14ᵉ arriva à Langada, procéda à l'institution d'autorités bulgares régulières qui conservèrent le maire grec comme adjoint du bulgare, firent cesser l'administration grecque et hissèrent les drapeaux des quatre États alliés ; mais elles ne crurent pas devoir éloigner la demi-compagnie grecque, car c'était une troupe alliée. Et l'enveloppement systématique se poursuivit :

Au mois de février, avec l'arrivée à Langasa d'un nouveau commandant des troupes grecques, commencent les immixtions dans l'administration civile. Il fait acte d'autorité en nommant des gardes champêtres, etc...

Le 18/3 mars, un détachement de 260 Grecs se rend au lac de Langasa, gardé par un peloton bulgare et dont les taxes avaient toujours été perçues par les autorités financières bulgares. Ils procèdent à l'installation de vive force d'un fonctionnaire hellénique.

Le 21/6 mars, le commandant des troupes bulgares, à Langasa, reçoit du commandant grec une lettre l'invitant à retirer dans un délai de quarante-huit heures tous les détachements bulgares établis dans l'arrondissement.

Le 27/12 mars, des détachements grecs occupent les villages de Klépalo, Karadja-Keuy et Chlamour, situés au nord d'une ligne passant à Apostolat-Ambar - Keuy - Négovan — la route de Salonique — à Serrès, etc... qui, d'après les Grecs, devait séparer les zones d'occupation grecque et bulgare. Deux ou trois jours plus tard, les renforts helléniques sont envoyés dans tous les villages occupés, de sorte que l'arrondissement de Langasa est encerclé de tous les côtés, excepté à l'est. En même temps, les villageois grecs sont armés.

La supériorité numérique se trouvait donc du côté grec et les troupes helléniques en profitaient pour forcer les régiments bulgares à évacuer peu à peu tous les villages et à se replier sur la Strouma, de telle sorte que plusieurs arrondissements primitivement occupés par les Bulgares se trouvèrent, en mars, sous l'administration grecque. Le gouvernement bulgare ne voulut pas créer de nouvelles complications en augmentant le nombre de ses effectifs dans cette région. Il négocia et envoya des délégués chargés, avec ceux nommés à Athènes, non de trouver un « *modus vivendi* » dans les lieux où les troupes grecques et bulgares se trouvaient en contact, mais de chercher la priorité d'occupation et de confier à l'État qui aurait été reconnu comme ayant cette priorité, l'administration du pays.

Les commissaires grecs et bulgares ne purent s'entendre facilement et ce ne fut que le 13/28 mars que les deux gouvernements parvinrent à se mettre d'accord pour s'interdire d'augmenter le nombre des troupes dans les régions de Nigrita, Echaï-Azi et Pravitchi. — Dès le milieu de mars, cependant, des détachements provenant des divisions d'Épire étaient, paraît-il, dirigés sur ces points et, quelque temps après, la 1re et la 3e divisions grecques étaient envoyées à Tchaï-Azi, tandis que la 4e allait à Nigrita. — Puis, aux environs de Drama, de nombreux corps hellènes apparaissent, occupant progressivement Ambar-Keuy, Karadja-Hadir et le district de Koukouch, tandis qu'on transportait de l'artillerie de forteresse sur les positions d'Aitovo. — Un incident assez grave montre la surexcitation des partis.

Le matin du 21 mai, une batterie grecque à tir rapide ouvrit le feu, sans provocation, dit-on, du côté bulgare, sur la station de chemin de fer et la cabane du gardien, non loin de la station d'Anguista. Les Bulgares surpris ne ripostèrent pas tout d'abord, mais, voyant les obus tomber près du pont, et une partie des troupes grecques s'élancer en avant, ils répondirent vigoureusement. — Ils n'avaient cependant que cinq *bataillons*, et non cinq *régiments* comme on l'a cru. Le quartier général bulgare, apprenant ce qui se passait, envoya au commandant grec une note lui exposant l'incident et demandant plus de calme. — On répondit à M. Saratof que les autorités bulgares étaient très pressées d'établir les responsabilités et que, sur un front de contact si long, les fusils *partaient tout seuls.*

Dans les villages où les troupes ne se heurtaient pas à chaque instant, d'autres difficultés survenaient, les Bulgares voulant rester libres et indépendants là même où dominaient les régiments grecs et les autorités grecques poursuivant un système de grécisation à outrance dont je n'ai pas à apprécier les torts ou les qualités. — Ici, les habitants d'un village grec se plaignaient à Athènes, dit-on, des intransigeances bulgares ; là, les habitants formant la majorité de la population macédonienne, se plaignaient de même que :

Le 20/5 mars, des gendarmes grecs se rendant au village de Sredno-Konfalovo, arrondissement de Salonique, ont présenté une pétition aux paysans qu'ils ont forcés de signer, baïonnette au canon. Seize signatures furent apposées sur la pétition, par laquelle on demande l'envoi d'un instituteur grec et non un bulgare.

Le 26/10 mars, des gendarmes grecs chassèrent le maître d'école, Théodore P. Gheorghief, du village Toprchievo, arrondissement de Salonique.

Vers le 15/28 mars, les autorités grecques défendirent au curé du village Apostol, arrondissement de Yenidje-Vardar, d'officier à l'église bulgare qu'elles ont fermée après, ainsi que l'école.

Les mêmes autorités forcèrent les paysans de Pétrova, même arrondissement, à chasser le maître d'école bulgare, Ev. Olumtchef, car ils étaient Grecs. Le 10/23 mars, le curé du village dut officier à l'église patriarchiste. L'école et l'église bulgares furent fermées.

Le 18/31 mai, les autorités grecques de Yenidje-Vardar suggérèrent au maire Gheorghi l'idée de leur adresser une pétition pour demander un instituteur grec, le maire déclare que le village a son instituteur bulgare, mais puisque telle est la volonté du gouvernement, il en avisera les villageois, et ces derniers sont intimidés par les soldats grecs qui menacent les notables si le village ne se soumet pas.

Ce fut donc, en majeure partie, comme le disent les habitants du pays, contre les autorités bulgares, maires ou instituteurs, et le clergé que s'exerça la pression grecque. Je crois inutile de donner ici les quelques plaintes du gouvernement d'Athènes reproduites dans tous les journaux et connues de tous ; je citerai encore les faits suivants dont se plaignirent vivement les paysans :

Vers le milieu de mai, les troupes grecques pénétrant dans la partie de l'arrondissement de Salonique occupé par les Bulgares, poussaient la population à ne pas reconnaître l'Exarchat et à cesser de parler bulgare. (Villages de Arapli, Daoudbal, Bouglar, Sarmouro, Doudoular et Darmitza.)

Tel était l'état assez inquiétant des populations soumises à l'occupation des troupes encore alliées. Pendant ce temps, commençaient les difficultés diplomatiques. Naissantes lors de la prise de Salonique, elles n'avaient pas été détruites par l'entrevue pourtant cordiale du tsar Ferdinand et du roi Georges à Salonique même, le 19 décembre.

En Épire, la Grèce se heurta à l'Italie (1) qui poursuivait, avec sa remarquable ténacité, son projet d'immixtion dans les affaires albanaises et, tout en déclarant sa ferme volonté de faire au besoin la guerre à l'Italie pour conserver les districts de Kotiza, d'Argyrecastro, de Konitza et de Paramythia, districts évidemment hellènes,

---

1. Les objections italiennes reposent sur deux points : 1° caractère ethnologique des frontières demandées par la Grèce ; 2° raisons stratégiques ayant trait à la sécurité du canal d'Otrante. Or, l'armée grecque en s'avançant jusqu'à Tebelen n'a pas dépassé, paraît-il, les limites ethniques indiquées par la langue grecque et les écoles et églises grecques. Des habitants des régions situées au delà de la Voüssa ont même demandé au Diadoque (aujourd'hui roi) de faire avancer ses troupes jusqu'à Vallona et Bérat. Il y a en outre dans ce pays 2 diocèses grecs, 84 écoles, 151 églises et 8 couvents. Or, il est juste de dire qu'au point de vue albanais même, il est hasardeux de constituer un pays nouveau en lui désignant immédiatement des éléments hétérogènes.

elle craignait fort une intervention européenne dans le genre de celle qui appuyait sur la Serbie. Et, injustement lésée dans ses revendications légitimes et poussée par une direction un peu différente de celle du roi Georges I, dont chacun s'accordait à reconnaître la haute valeur, elle tourna ses prétentions les plus considérables vers des territoires occupés par la Serbie et la Bulgarie. Avec Belgrade, on tint à s'entendre. Avec Sofia, on discuta plus âprement. Que dis-je ? on ne discuta presque pas ; chacun se contenta de poser ses conditions et de laisser aller les choses jusqu'au jour où... mais n'anticipons pas et voyons quelles étaient les demandes de la Grèce.

Le 13 mars 1913, la Chambre hellénique des députés discuta longuement cette importante question et l'ancien ministre des Affaires étrangères, M. D. Kalargis, reconnaissait que l'hellénisme de 1912 avait dû se montrer pratique pour combattre l'ennemi commun et que la Grèce devait s'attendre à des sacrifices nécessaires surtout vis-à-vis des Bulgares, dont le programme comprenait la descente vers la mer Égée.

En pensant, ajoutait M. D. Kalargis, à la sincérité avec laquelle les Serbes se sont comportés envers la Grèce durant les trente dernières années et aux zones d'influence réciproquement reconnues, on peut espérer qu'il n'y aura pas de difficultés entre les deux alliés pour le règlement de cette affaire. Beaucoup plus difficile est de se mettre d'accord avec la Bulgarie, dit M. P. Lambros, car ce n'est pas la Strouma qui doit former la frontière à l'est, mais le Kara-Sou, soit

une ligne qui, commençant au Kara-Sou, passerait
par le mont Boz-Dag et, s'unissant à Karetuwa, laisserait à la Grèce, Drama, Serrès, Cavalla et le mont
Panghée; cette ligne serait la seule qui pourrait corres-
pondre aux caractères ethniques des pays vers l'est
et offrir des garanties nécessaires d'une sécurité
stratégique.

Et M. Lambros ajoute :

En réalité, on compte que dans les quatre sandjaks d'Andrinople, de Kirk-Kilissé, de Dédé-Agatch et
de Gumuldjina qui vont être annexés à la Bulgarie,
vivent 240.000 Grecs.

Ce qui sous-entend, je crois, la pensée suivante :
La Grèce est en droit d'étendre ses prétentions
sur des zones contestables, puisque la Bulgarie
va annexer des régions dans lesquelles on compte
240.000 Grecs.

Telle était l'opinion générale en Grèce au printemps de 1912 (1), opinion qui, appuyée peut-être
sur de sérieuses bases, n'en était pas moins très
dangereuse, étant donné la tension des esprits en
Bulgarie comme en Serbie. Le gouvernement grec
suivit cette périlleuse direction qui lui réussit
d'ailleurs bien, puisqu'il a obtenu ce qu'il désirait,
mais qui ressemble trop à l'impérialisme anglais
de Chamberlain pour ne pas lui enlever des concours qui auraient pu lui être utiles.

1. Séance de la Chambre hellénique en mars 1912. Journaux grecs de ce mois.

Aucun traité, déclara-t-il, n'a réglé entre nous et les Bulgares le partage des territoires conquis ; nous nous sommes emparés de Salonique avec nos alliés ; notre roi Georges a consacré, en y mourant, cette ville, terre hellénique. Nous l'occupons avec près de 100.000 hommes qui se retranchent stratégiquement aux alentours. Si les Bulgares veulent nous en chasser, il faudra qu'ils emploient la force.

Et le cabinet d'Athènes proposa à celui de Sofia la ligne frontière dont nous parlions plus haut partant de l'est de Cavalla (1) et passant par Drama, Demir-Hissar, laissant au sud le lac de Dorijan et Monastir pour aboutir au milieu du lac d'Okrida. On avait préparé à Athènes, dit-on, un projet transactionnel qui laissait aux Bulgares la région située à l'est d'Orfano, et aux Serbes, Monastir en Macédoine. Malheureusement, ce ne fut pas, je crois, ce dernier plan qui fut soumis au gouvernement du tsar Ferdinand, mais seulement le premier ! N'était-ce pas bien risqué de commencer ainsi des négociations en formulant des demandes extrêmes et en concentrant de plus en plus des troupes dont le contact avec les alliés d'hier pouvaient déterminer d'irréparables conflits.

Comme on s'y attendait, les Bulgares refusèrent catégoriquement le tracé grec en disant :

1. Si la Grèce se préparait comme le disait MM. Kalargis et Lambros à des concessions *nécessaires*, elle devait prévoir, sinon l'abandon d'une partie de l'hinterland de Salonique, au moins celui de Cavalla indispensable à la Bulgarie sur l'Egée. Eut-elle donc réellement cette intention ?

Non seulement nous considérons vos prétentions sur Serrès comme inadmissibles, mais encore il y a pour nous une question de Salonique. En Bulgarie, notre opinion publique, très ardente, considère depuis longtemps l'hinterland bulgare de Salonique comme le symbole de la Macédoine et ce nous est bien difficile de la faire revenir sur sa conviction que Salonique doit appartenir à la Bulgarie.

Les Bulgares les plus excessifs, dit M. André Chéradame, voulaient non seulement Salonique, mais encore une frontière partant de l'embouchure de la Vistritza et finissant en Albanie, à Koritza.

Il est clair qu'un pareil désir n'était pas admissible, mais reconnaissons qu'il n'était nullement intransigeant et ne constituait que les espérances « des Bulgares les plus excessifs ».

Que les Grecs prétendent à Salonique, le fait est assez naturel de leur part en raison de la tradition historique qui rattache cette ville à l'hellénisme, et du peu de Bulgares y résidant, mais leurs revendications poussées au delà même de la Strouma n'a plus de raison d'être si ce n'est, comme nous le verrons plus loin, l'idée de « la plus grande Grèce », j'entends de l'extension du domaine grec aussi loin que possible.

De même, peut-on penser que les Bulgares n'ont pas essentiellement besoin de Salonique, même s'ils ont raison dans ce différend spécial, et qu'ils étaient en mesure de la laisser aux Grecs; par contre, Cavalla où il leur aurait été possible de construire un grand port entièrement bulgare, leur était indispensable et leur revenait de droit !

Mais là encore les Balkaniques ne furent pas seuls à traiter les questions. L'Autriche-Hongrie et son alliée allemande étant trop intéressées, comme nous l'avons vu et comme nous le verrons encore, à la dissolution du bloc balkanique, s'occupèrent activement d'exciter les diverses nations de la péninsule les unes contre les autres, préférant voir Salonique appartenir aux Grecs, avec lesquels ils se seraient plus facilement entendus pour des conventions administratives et commerciales, qu'aux Bulgares, dont ils prévoyaient les projets (1).

Les gouvernements de Belgrade et d'Athènes ayant proposé à la Bulgarie une démobilisation générale, celle-ci fit répondre, dit-on, qu'elle l'accepterait aux conditions suivantes :

I. Évacuation par les Serbes de toutes les régions reconnues par le traité d'alliance à la Bulgarie.

II. Dans la zone contestée, négociations militaires et condominium serbo-bulgare ou autonomie provisoire permettant la consultation ultérieure des habitants par un plébiscite.

III. Évacuation par la Grèce des territoires à l'est et au nord de Salonique et de la ville elle-même.

1. Nous examinerons ces projets dans les chapitres III et IX.

Les Serbes et Grecs refusèrent et les choses traînèrent tandis qu'on discutait pour savoir si la Bulgarie et la Serbie auraient recours à l'arbitrage russe. Mais, durant ces tergiversations, les trois nations concentraient toujours leurs armées sur les lignes de l'Isker, du Vardar et de la Strouma.

CHAPITRE III

La guerre Serbo-bulgare de 1913. — L'entrée en ligne de
la Roumanie. — L'intervention turque. — Paix de Bucarest.

Un coup de théâtre se produisit dans la journée
du 30 juin. Au moment où MM. Pachitch et Danef
se préparaient à partir pour Saint-Pétersbourg,
les armées en présence engageaient le combat! Les
troupes bulgares étaient ainsi réparties : au nord,
entre Tsaribrod et Sofia, le général Radko Dimitrief, avec les 3ᵉ, 4ᵉ, 5ᵉ et 9ᵉ divisions; au centre, le
général Koutintchef entre Kustendil et Melnik,
avec les 1ʳᵉ, 6ᵉ et 10ᵉ divisions; au sud, le général
Ivanof, avec les 2ᵉ, 7ᵉ et 12ᵉ divisions. Les deux premiers corps, comprenant environ 140.000 hommes,
étaient sous les ordres du généralissime Savof.

Les Serbes étaient divisés en deux armées : une à
Nisch, sous le commandement du général Stépanovitch, une autre entre Kumanovo et Doïran,
avec le prince héritier Alexandre à sa tête; ces
forces évaluées à peu près à 200.000 hommes.
Enfin les Hellènes, au nombre de 100.000, tenaient le Vardar inférieur de Veria, au cap d'Eleu-
thera.

Voyant, disent-ils, l'encerclement des alliés se
refermer sur eux, les Bulgares sentant leur position désespérée, tentèrent un coup de force. Le
30 juin, ils attaquèrent les Serbo-Grecs sur toute
la ligne. Au nord, Koutintchef, franchissant la

Zletovska, s'emparait d'Istip, marchait sur Koëprulu et entrait à Krivolak, rejetant les Serbes de
l'autre côté de la vallée du Vardar. Au sud, Ivanof
prenait l'importante position de Guevgheli, arrivait à vingt-cinq kilomètres de Salonique et forçait les Grecs à évaquer Nigrita, dont il se rendit
maître. Par contre, à Salonique même, un bataillon bulgare, isolé dans la ville, fut écrasé par la
garnison hellénique, après une défense héroïque.

Le 2 juillet, le tsar Ferdinand télégraphiait à
Belgrade et à Athènes pour demander l'arrêt des
hostilités, exprimant son étonnement du fait accompli et manifestant son désir de ne point rompre
la paix. Mais tout était inutile. Ni le roi Pierre, ni
le roi Constantin ne voulurent faire cesser les opérations, et les généraux serbes et grecs répon-
daient à l'attaque du 30 juin par une vigoureuse
offensive.

Repoussant les Bulgares sur la rive droite de la
Zletowska, les Serbes s'emparèrent, sur la droite
ennemie, des hauteurs de Retka-Bouva et de Sul-
tan-Tepe, puis de Retchevo, de Banja et enfin de
Kotchana (1), tandis que l'aile droite du prince
Alexandre reprenait Krivolak et Istip.

Chez les Grecs, le roi Constantin entraînait ses
troupes, depuis longtemps préparées à la guerre,
et qui n'avaient été que bien peu surprises de l'attaque bulgare, et repoussant le général Ivanof de

---

1. L'un des régiments de la 7ᵉ division, le 13ᵉ, a été détruit
presque en entier à Kotchana.

Kilkitch de Doïran et de Nigrita, il s'approchait de Serrès.

Les deux grandes luttes eurent lieu au nord, sur la Bregalnitza, où les Serbes débordèrent la droite bulgare, et, séparant définitivement le général Koutintchef du général Radko Dimitrief, occupèrent, le 7 juillet, les positions suivantes (1) :

L'armée de Razetchar, ayant franchi la frontière bulgare, occupait Koula ; un détachement fut dirigé sur Vidin et un autre vers Beogratchik.

La deuxième armée, commandée par le général Stépanovitch, défendait les positions fortifiées au nord de Pirot. Le détachement de Vlassina avait pénétré sur le territoire bulgare, en occupant Bossilig-Grad.

La première armée, sous le commandement du Prince héritier, occupait les positions suivantes : La ligne de Golemi Vrh jusqu'à Kriva Reka (vers Egri-Palanka-Kustendil), par la division du Danube, deuxième ban ; la ligne de Kupino-Bodo-Reske - Dubrovnitza - Kisseliza, la rive gauche du Kriva-Relka jusqu'à la rivière Sasse et la ligne Varoviste- Sveta - Voda (Berberikeoï), Kali - Kamen-Trazvev-Vrh-Kitka, par la division du Danube, premier ban ; la ligne Pobijen-Tzeva-Bevikow, près de la rivière Sasse, par la division monténégrine.

La troisième armée, commandée par le général Yankovitch occupait la ligne de Bezikow (les po-

---

1. Les détails techniques m'ont été communiqués officiellement.

sitions de Gvlena), sur la rive droite de la rivière Dvago, Gvaske, Pljatchkavitza (cote n° 85), s'allongeant par Tsavevo-Selo, vers l'armée grecque.

Le 9 juillet, une division de cavalerie serbe pénétrait à Radovichta, et ses reconnaissances rejoignaient les troupes grecques remontant de Serrès vers le nord-est.

Les armées bulgares, obligées de se resserrer et partout accablées, se concentrèrent presque tout entières entre Djoumaïa et Trn pour couvrir Sofia et tenter un suprême effort. Mais si l'on savait que la Roumanie mobilisait depuis la fin de juin, on ignorait qu'elle avait conclu un accord avec la Serbie et la Grèce depuis décembre 1912. Et, le 13 juillet, la 1ʳᵉ division de cavalerie roumaine franchissait le Danube, à Bechet-Rahova, avec le 1ᵉʳ corps. Quelques jours après, l'armée roumaine passa à Corava, et, refluant sans peine les deux divisions du général Kovatchef, s'étendit jusqu'à quelques kilomètres de Tatar Pazardjik. Il est juste d'admirer la belle ordonnance des manœuvres roumaines, mais il faut considérer les événements à leur juste valeur. La campagne du prince Ferdinand, fils de Carol de Roumanie, ne fut qu'une manœuvre. La Bulgarie, épuisée, ne pouvait plus rien lui opposer, gardant ses dernières forces contre les Serbes et les Hellènes (1).

1. Nous n'avons pu donner encore un aperçu de l'organisation militaire serbe : la durée du service militaire est en Serbie de 21 à 45 ans inclus (dix-huit mois de présence dans l'infanterie, deux ans dans la cavalerie). Les conscrits sont affectés aux armes diverses suivant leur situation de fortune. Les hommes font partie : du premier ban de 21 à 30 ans, du

Ces derniers s'étaient avancés jusqu'à Djou-maïa.

Au même moment, les Turcs qui, depuis le début du conflit, n'attendaient qu'une occasion de prendre leur revanche des défaites de 1912, avaient quitté les lignes de Tchataldja, et, remontant lentement d'abord, puis rapidement ensuite vers le nord, repoussèrent les quelques escadrons bulgares qui se trouvaient encore devant eux et entrèrent successivement à Lüle-Bourgas, à Viza, à Bunar-Hissar, à Andrinople.

Chacun voyait l'état désespéré de la Bulgarie et accourait à la curée; le tsar Ferdinand, qui n'avait cessé de demander aux puissances et au roi Carol l'arrêt des hostilités, obtint un armistice le 19 juillet, et accepta de déléguer à Bucarest les plénipotentiaires chargés de traiter des conditions de la paix.

La première séance eut lieu le 30 juillet, et le

deuxième de 30 à 38, du troisième de 38 à 45. Avec le premier on a formé 5 divisions comprenant chacune 4 régiments d'infanterie à 4 bataillons et un de dépôt, 3 groupes d'artillerie et 3 escadrons de cavalerie. Avec les disponibilités du premier ban on a formé une division de cavalerie de 4 régiments, 1 groupe d'artillerie et 6 régiments d'infanterie. Le deuxième ban a donné 5 divisions de 3 régiments d'infanterie (4 bataillons), 1 groupe d'artillerie et 3 escadrons de cavalerie Les officiers supérieurs sont presque tous des officiers de carrière, mais les contingents de ce deuxième ban sont uniquement formés de réservistes.

Le troisième ban a donné 7 régiments d'infanterie et 7 escadrons. L'armée serbe, qui était de 27.000 hommes en temps de paix, est montée à 340.000 en 1912 contre la Turquie. Les pertes serbes dans la dernière guerre furent de 30.000 hommes tués ou blessés, 10.000 malades (officiel).

10 août, c'est-à-dire onze jours après, la conférence avait terminé ses travaux.

La Serbie aurait voulu étendre sa frontière jusqu'à la Strouma, suivre cette rivière et gagner Demir-Hissar, où elle aurait rejoint la frontière grecque. Le tracé aurait eu pour elle l'avantage appréciable de la rapprocher sensiblement du lac de Tachino, et, par là, de la mer Égée.

Mais ce projet, comme nous allons le voir, était encore bien différent de celui des Bulgares, et, malgré la situation de ces derniers, leur semblait excessif. En effet, la vallée de la Strouma leur était nécessaire pour relier Sofia et la Bulgarie de l'ouest à la mer (alors qu'ils croyaient encore obtenir Cavalla et le lac Tachino).

La Roumanie n'hésitait pas à demander une assez large part du territoire bulgare, limitée par une ligne partant au sud de Turtukaï, sur le Danube, et aboutissant à la mer Noire, entre Varna et Baltchich. Les plénipotentiaires du roi Ferdinand cédèrent rapidement à la Roumanie la presque totalité de ses exigences, espérant, par là, s'attirer la bienveillance de Bucarest au sujet des frontières serbo-bulgare et gréco-bulgare.

Cette dernière, surtout, était hérissée de difficultés.

La Grèce réclamait toute la côte de la mer Égée jusqu'aux abords de Dédé-Agatch, en demandant que la frontière soit fixée à quatre kilomètres environ, à l'est de Makri, et que, remontant à Chotobar, Ebelu et Gumuldjina, elle vint rejoindre en ligne droite la frontière serbo-bulgare à Serrès ou

Demir-Hissar. Il n'est pas besoin de chercher longtemps pour voir ce qu'il y avait d'exagéré dans ces prétentions! Non seulement la Grèce n'admettait pas que la Bulgarie pût avoir un port utilisable sur l'Égée, mais encore elle voulait accaparer tout le littoral et rejoindre ainsi la Turquie, en étouffant sa voisine du nord. C'était là un pas de plus vers l'empire méditerranéen qu'elle semble désirer se créer, et l'occupation de cette longue bande de territoire n'étant pas pour elle d'une nécessité vitale, ne constituait qu'une conquête habile et ambitieuse.

Voici, d'autre part, ce que demandaient les diplomates bulgares (ministres ou chargés d'affaires des capitales européennes).

Considérant que la frontière logique entre Bulgarie et Grèce est celle du Vardar, puis d'une ligne joignant ce fleuve au golfe d'Orfano, mais que cette ligne frontière était, à cette époque, nettement refusée, ils n'admettaient de possible que celle formée par la vallée de la Strouma jusqu'à son débouché dans la mer, vers l'extrémité est du golfe d'Orfano.

Ce qui donnait le tracé suivant :

Allant de l'ouest à l'est, à quelques kilomètres au sud de Kukus, elle passerait au point 365 (de la carte au 1/100.000ᶜ) et atteindrait, à Hochdama, la ligne de partage des eaux entre le Vardar et la Strouma. Suivant cette ligne par Lakana, Tepe-Kar, Tacholokkar, les points 562, 654, 601, Karacesme, et descendrait à la Strouma, dont elle suivrait le cours jusqu'à la mer.

La Strouma, disaient-ils, prend sa source dans les Balkans, au sud et près de Sofia. Sa vallée constitue la seule communication directe possible entre la Bulgarie et la mer Égée, la seule région dans laquelle ce pays puisse organiser les moyens de transport de toute nature dont il a besoin pour vivre et se développer. Les villes de Serrès et de Drama faisant partie intégrante de la vallée de la Strouma, sont nécessaires à la Bulgarie pour construire des voies ferrées et utiliser les voies d'eau dont elle a besoin.

A Bucarest, les propositions bulgares portaient sur une frontière passant de Kukus à Serrès, pour aboutir à Orfano. Elles pouvaient sembler un peu excessives, vu leur point de départ de Kukus, mais il aurait été possible et juste de concevoir une ligne joignant Djaferlu à Orfano, en coupant la Strouma à Kopruva et passant à quelques kilomètres au sud de Serrès, en touchant au lac de Tachino.

Mais les demandes des délégués de Sofia occasionnèrent à Bucarest une scène violente, dont voici le récit :

En entrant dans la salle de la conférence, M. Majoresco apprit que la Bulgarie avait nettement refusé les propositions de la Serbie et de la Grèce. « Oh! s'écria le premier ministre roumain, en s'adressant aux délégués bulgares, vous êtes certainement en train de jouer la comédie! »

Ce à quoi les Bulgares répondirent :

« Ne pouvons-nous pas faire des propositions comme les autres?

— N'oubliez pas, dit alors M. Majoresco, que vous

êtes venus ici en vaincus, dans le but de demander la paix. Si vous ne voulez que jouer la comédie, vous pouvez retourner chez vous. Mais je tiens à vous dire que, dans ce cas, vous n'aurez jamais l'occasion de signer la paix. »

Les Bulgares ont peut-être joué un rôle que tout le monde ignore, mais il est un fait certain, c'est que les vives paroles de M. Majoresco nous remettent à l'esprit un mot très juste de... Talleyrand, je crois : « On peut tout dire à tout le monde, mais il faut y mettre la forme... »

Bref, les Bulgares se virent obligés de céder un peu partout aux demandes des alliés ; leur dernière résistance, la plus ardente, fut au sujet de Cavalla. La Grèce, possédant le golfe d'Orfano, et Dédé-Agatch étant insuffisant, Cavalla constituait le seul débouché de la vallée de la Strouma, le seul accès de la Bulgarie sur la mer Égée.

A cet égard, rien n'était plus juste que la persévérance des Bulgares, qui comprenaient l'importance considérable pour eux de posséder ce port déjà construit et facilement utilisable, alors qu'à Dédé-Agatch des travaux coûteux doivent être entrepris pour permettre un résultat suffisant.

Voyant l'intransigeance de son adversaire grec à ce sujet, la Bulgarie fit appel à la Russie et à l'Europe, en demandant au cabinet de Saint-Pétersbourg d'intervenir en sa faveur. Que fit la Russie? Personne, je crois, ne pourrait l'expliquer exactement. Elle insista, en effet, à Bucarest pour le maintien de Cavalla au royaume du tsar Ferdinand et alla même jusqu'à des démonstrations énergiques en faveur de Sofia. Telle est la partie de sa politique officiellement connue, mais des voix disent qu'elle est loin d'avoir agi envers son protégé slave avec la même générosité et qu'elle tînt un double rôle. Je ne me permettrai pas de juger ces affirmations et je me contente de donner la lettre suivante, publiée dans *la Croix* du 25 août :

La Russie n'a jamais pardonné à la Bulgarie d'avoir à sa tête un prince catholique, un roi trop intelligent et habile pour servir les vues intéressées de sa politique. Récemment, elle jura sa perte et s'acheta une créature dans la personne d'un ministre de Sofia, russophile ardent et, dit-on, âpre au gain. Elle le flatta, puis s'ouvrit à lui de son dessein criminel par l'intermédiaire d'un tiers officieux. Le ministre eut la folie de marchander, tout en objectant : « Mais aucun officier bulgare ne consentira à adopter ce projet. » Il lui fut répondu : « Ne trouverez-vous pas une femme en Bulgarie ? »

A défaut de complices bulgares, la Russie découvrit les alliés, accrus des Roumains et des Turcs.

La guerre éclate. Saint-Pétersbourg escompte la défaite des Bulgares, la révolution des troupes, l'abdication du roi Ferdinand, l'occupation militaire de la Bulgarie par l'armée russe sous prétexte de rétablir l'ordre.

« Notre plan de bataille, nous déclarait hier un officier supérieur d'un très haut grade, devait réussir. Fidèles à la tactique préconisée par Napoléon : « Négliger les « points secondaires pour être le plus fort sur un point « donné, à un moment donné », nous attaquons avec des forces imposantes les positions serbes du nord. En quelques jours, nous devions occuper Pirot, Nisch, et en coupant les communications des armées· serbes avec Belgrade, nous les forcions à capituler. Nous étions devant Pirot et menacions la ville de Nisch, lorsque le ministre plénipotentiaire de la Russie à Sofia, M. Nécludof, se rend chez M. Danef : « Rappelez vos troupes du territoire serbe. »

M. Danef obéit.

« Plus tard, lorsque les Serbes menacèrent les frontières de la Vieille Bulgarie, nous protestâmes auprès la Russie qui nous fit répondre : « Débrouillez-vous « tout seuls. »

Ainsi nous parla l'officier supérieur.

L'ordre que M. Danef recevait de la Russie était bien de nature à irriter les troupes. Celles-ci reculent, la mort dans l'âme pendant que les Grecs crient victoire ; des soldats qui n'ont jamais tourné le dos à l'ennemi tirent sur leurs officiers qu'ils accusent de trahison. Au quartier général, séance mouvementée où le ministre félon est souffleté par le généralissime et démissionne ainsi que tout le cabinet.

La mutinerie de plusieurs compagnies ne dégénérera-t-elle en révolte ouverte ? Et le peuple mécontent ne va-t-il pas se soulever ?

La Russie qui a imposé le recul des troupes pour atteindre son but le croit, l'espère fermement.

Pendant deux jours, elle isole complètement la Bulgarie du monde entier en la privant de la seule voie de communication avec l'Europe : le câble de la mer Noire. Elle est si sûre de réaliser son plan diabolique qu'elle annonce déjà dans la presse que la Bulgarie est en proie à la guerre civile. Un stationnaire russe — un témoin nous l'affirme — croise dans les eaux de Bourgas, prêt à débarquer des troupes au moindre signal d'agitation. Avant que les puissances aient eu le temps d'aviser, la Bulgarie eût été occupée et le roi Ferdinand détrôné ?

Peu d'États, en effet, eussent traversé pareille crise sans tomber. Mais l'esprit de discipline des troupes, l'indomptable énergie du tsar, le sang-froid de la population, déjouèrent les calculs de la diplomatie moscovite. Du Danube aux Rhodopes aucune émeute, aucun trouble populaire ne donnèrent prétexte à une intervention quelconque des puissances. Et passons sous silence aujourd'hui — car nous aurons entre les mains, sous peu, des rapports officiels pour nous édifier à bon escient — les méfaits répugnants.

Ainsi que je disais plus haut, je ne juge pas cette déclaration, mais je ne puis croire à une trahison d'un homme d'État bulgare, comme le dit l'auteur de ces lignes, ni à une machination aussi perfide de la part de notre alliée et amie, la Russie.

Par une curieuse coïncidence pourtant, il importe de remarquer ce que dit, sur la politique actuelle de Saint-Pétersbourg, un diplomate célèbre, le baron de Rosen, Russe lui-même, dans un mémoire « confidentiel » publié par *le Correspondant* (1).

C'est à partir de 1870 que se manifestent l'engouement pour la soi-disant mission historique de la Russie en Orient proche et la nébuleuse grande idée slave. Pour les uns, elle consiste dans la conquête de Constantinople, pour d'autres, dans la délivrance des slaves balkaniques soumis au joug turc, tandis que d'autres encore se préoccupent de les défendre contre la pression du germanisme personnifié par l'Autriche.

. . . .

1. *Correspondant*, 10 septembre 1913.

Cet engouement nous a poussé à la conclusion d'une alliance avec la France qui nous a engagés dans des intérêts entièrement étrangers à la Russie, à savoir : la revanche, pour la France, de Sedan et de la perte de l'Alsace-Lorraine ; et ces derniers temps l'antagonisme anglo-allemand qui sera le terrain sur lequel se jouera la prochaine guerre européenne...

Puis, plus loin, il expose comment l'idée slave n'est jamais sortie des nuages du sentimentalisme, sa faiblesse, sa nullité politique et même, au point de vue sentimental, il considère l'union slave comme impossible sous la suprématie russe, puisque la nation polonaise, la plus civilisée, a toujours manifesté vis-à-vis de la Russie un furieux irrédentisme. Puis le baron de Rosen raconte comment la Bulgarie, à peine libre, a voulu repousser les tentatives d'imixtion de la Russie dans ses affaires, en oubliant ce que disait le prince Metchersky, confident du tsar Alexandre III, lorsqu'il prévenait les Bulgares que leur pays ne serait qu'une *goubernie* russe (1).

Il exprime ensuite son opinion sur la nécessité de rapports amicaux avec l'Autriche-Hongrie et l'Allemagne, la première heurtant nullement, dit-il, les intérêts réels de la Russie dans le sud slave. Au contraire, elle doit, comme l'Allemagne, se solidariser avec la Russie, comme puissances « complices de ce crime (le partage de la Pologne) ». La question de Constantinople ne doit nullement (toujours suivant M. de Rosen) créer un antagonisme

---

1. Remarque commentant le Mémoire du baron de Rosen.

anglo-russe, car il serait défectueux pour l'empire des tsars de posséder l'ancienne Byzance, « ce qui marquerait le commencement de la désagrégation de l'empire russe » ; quant à l'hégémonie allemande elle ne saurait atteindre les intérêts russes (1).

Le « trois Etoiles » inconnu qui a fort judicieusement commenté ce mémoire ajoute ceci que je reproduis intégralement :

On ne peut qu'approuver l'éreintement magistral dont l'auteur gratifie la « grande idée slave ». C'est du pur humburg. Mais que le baron se rassure. Il semble avéré que le gouvernement russe a, non moins que lui-même, fait son deuil de la vieille chanson (2) et, s'il tolère qu'elle se fasse de temps en temps entendre *mezza voce*, c'est parce qu'elle fournit à des éléments parfaitement conservateurs, mais qui ont parfois la démangeaison de parler et d'écrire, l'occasion d'une gymnastique relativement inoffensive. Si on les empêchait de fronder sur la politique extérieure, ils fronderaient sur l'intérieur, ce qui est moins désirable. Ainsi que le baron a pu s'en convaincre cet hiver, le moment venu, on dit : « Silence la marmaille », et tout s'apaise.

Si la Russie a suivi les projets du baron de Rosen, les déclarations pessimistes citées plus haut sont pleinement justifiées ; mais l'a-t-elle fait ? On peut

1. Lire au sujet de l'alliance russe ce numéro du *Correspondant* et les notes complètes du baron de Rosen, que je ne puis donner ici entièrement.

2. **A** preuve, un article retentissant du mois dernier de M. Menchikoff, où il lance carrément par dessus bord les « petits frères slaves » (Note du commentateur des Mémoires de Rosen.)

supposer qu'il y a là encore une part assez considérable d'exagération et d'individualité contre laquelle nous devons nous mettre en garde. Enregistrons les faits, pour le moment, et attendons.

Remarquons toutefois que le correspondant du *Temps* à Saint-Pétersbourg écrivait à ce journal le 30 octobre :

Le général Dimitrief est le seul homme assez populaire en Bulgarie pour y être opposé aux « Macédoniens » Savof, Ghenadief et autres qui ont capté la confiance du roi Ferdinand pour ne pas dire qu'ils l'ont « chambré ». C'est le seul homme qu'on opposerait au roi lui-même, lequel s'est vu devenir à nouveau très impopulaire en Bulgarie, si impopulaire même qu'en nous prédisant des troubles prochains dans les Balkans, les gens qui en reviennent annoncent qu'à Sofia une révolution est chose possible.

J'ai demandé leur avis à des personnes qui ont souvent approché le tsar en Bulgarie, et, toutes m'ont répondu qu'elles ne jugeaient même pas utile de prendre au sérieux une déclaration disant que le souverain est « chambré » ! Quant à sa popularité, le lecteur peut s'en rapporter à *Excelsior* du 29 août et à *l'Illustration* du 30 août qui donnent des photographies significatives de son retour à Sofia avec ses troupes. Une révolution ? Je ne crois pas qu'il puisse s'en produire une en ce moment en Bulgarie, mais tout peut arriver... évidemment !

Revenons à Bucarest et à la politique européenne pendant la Conférence.

Pendant que la Russie défendait, ouvertement du moins, Cavalla bulgare, l'Autriche, qui avait d'abord hésité à s'engager pour un parti ou pour l'autre, sembla incliner vers la même cause. Mais là le cabinet de Vienne s'entendit avec celui de Berlin, qui n'avait aucun désir de voir la Bulgarie en possession d'un port utilisable, et agit à son tour dans la coulisse pour le maintien de la thèse grecque ; puis l'Allemagne et son alliée s'expliquèrent et convinrent du rôle fort adroit qu'elles allaient jouer.

Décidées à laisser Cavalla aux Hellènes, elles plaignirent hautement les Bulgares, et l'Autriche accepta l'idée de revision proposée par Sofia. On crut un moment que les Bulgares auraient gain de cause, mais la France, dans un but généreux, crut devoir conserver Cavalla au roi Constantin, à cause de la nationalité des gens de cette ville, et, soudain, les appuis nés pour la Bulgarie, à Berlin et à Vienne, disparurent faisant preuve d'un « esprit de conciliation et de modération réels » (après avoir vis-à-vis de la France et de la Bulgarie joué double rôle !).

Et le port si nécessaire aux sujets du tsar Ferdinand resta à leurs ennemis, tandis que « grâce à l'*empereur Guillaume II* », Xanthi leur était bénévolement laissé !

La paix fut enfin signée sans se préoccuper de la question macédonienne qui devait creuser entre la Bulgarie et la Serbie un fossé difficile à combler (1) ou, peut-être, de la part d'un des belligé-

---

1. La question macédonienne. — Je n'insisterai pas sur les origines anciennes de la question macédonienne, origines

rants (celui qui entend garder son rôle de pacificateur dans les Balkans, en parfaite connaissance de cause)! Voici le texte du traité :

LE TRAITÉ DE BUCAREST

28 juillet-10 août 1913.

Voici le texte officiel du traité qui règle dans un même instrument le différend de frontière entre la Bulgarie et les autres États balkaniques.

La volonté des contractants est que le traité ne soit pas revisé :

Le roi de Bulgarie, d'une part, et les rois des Hellènes, du Monténégro, de Roumanie et de Serbie d'autre part, animés du désir de mettre fin à l'état de guerre actuellement existant entre les cinq pays respectifs, voulant, dans une pensée d'ordre, établir la paix entre leurs peuples si longtemps éprouvés, ont résolu de conclure

qui rentrent dans le domaine purement historique. La Macédoine, dont la population en majeure partie bulgare en plusieurs points, en partie serbe dans d'autres, était, sous le régime ottoman, soumise à la plus affreuse tyrannie, devant supporter à la fois les incursions des pillards albanais et les cruautés des Turcs. Exaspérés, les Macédoniens, que l'Europe ne voulut pas écouter, s'organisèrent eux-mêmes pour hâter leur délivrance. Un Haut Comité fut formé, qui résida à Sofia, avec, à sa tête, un ex-lieutenant, Boris Sarafoff, à qui succéda un professeur, M. Stoyan Mihailossky. En 1902, ils soulevèrent la population macédonienne ; ayant échoué, ils recommencèrent en 1903 ; leur révolte ne réussit qu'à attirer de terribles représailles ottomanes. En outre, la Bulgarie, quoique sympathique à ses frères de race, ne voulait intervenir ni officiellement, ni secrètement, trouvant le moment inopportun. Et ce furent chaque an-

un traité définitif de paix et ont nommé des plénipotentiaires (suit la liste de ces derniers).

Un accord étant heureusement établi, il a été décidé :

ARTICLE PREMIER. — Il existera paix et amitié entre
le roi des Bulgares et les autres souverains, ainsi
qu'entre leurs héritiers et successeurs.

ART. 2. — La frontière roumano-bulgare, rectifiée
conformément à l'annexe du protocole n° 5, partira du
Danube, en amont de Turtukaï, pour aboutir à la mer
Noire, au sud de Ekrene.

Il est formellement entendu que la Bulgarie déman-
tèlera, dans un délai maximum de deux années, les fortifications qui existent à Roustchouk, à Simla et dans
une zone de vingt kilomètres autour de Baltchich.
Une commission mixte établira, dans les quinze jours,
sur le terrain, le nouveau tracé et présidera au partage des biens capitaux coupés par la nouvelle frontière.
En cas de divergences, un arbitre décidera en dernière
instance.

ART. 3. — La frontière serbo-bulgare, fixée conformément à l'annexe du protocole n° 9, partira de l'an-

née, jusqu'en 1912, des atrocités de plus en plus nombreuses
commises sur eux !

Les Comités demandèrent soit le rattachement à la Bulgarie, soit l'autonomie de la Macédoine. Ils n'eurent pas de
succès. Vint la victoire des alliés sur la Turquie. On ne
parla plus d'autonomie et la Bulgarie réclama la plus
grande partie de la Macédoine où vivait une population qui
lui était attachée; la guerre de 1913 changea complètement,
et pour la seconde fois, les événements.

Comme nous le verrons plus loin, la moitié de la Macédoine revient à la Serbie, tandis que l'autre seulement est
laissée à la Bulgarie qui a dû en céder une partie à la Grèce.
La question albanaise préoccupe aujourd'hui l'Europe, mais
elle est liée à la question macédonienne et on pourrait ré-
soudre les deux en même temps, ainsi que nous le dirons
d'ailleurs tout à l'heure.

cienne frontière, de la montagne de Paratrica, suivra l'ancienne frontière turco-bulgare et la ligne de partage des eaux entre le Vardar et la Strouma, à l'exception de la haute vallée de la Stroumitza, qui restera à la Serbie.

Ladite frontière aboutira au mont Belasica, où elle rejoindra la frontière bulgaro-grecque. Une commission mixte exécutera, dans les quinze jours, le nouveau tracé et présidera au partage des biens capitaux coupés par la nouvelle frontière, avec recours possible à l'arbitrage.

ART. 4. — Les questions relatives à l'ancienne frontière serbo-bulgare seront réglées suivant entente entre les parties contractantes conformément au protocole annexé.

ART. 5. — La frontière gréco-bulgare, fixée conformément au protocole n° 9, partira de la nouvelle frontière bulgaro-serbe, sur la crête de la Celascina-Planina et aboutira à l'embouchure de la Mesta, sur la mer Egée. Une commission mixte et un arbitrage sont institués comme il avait été indiqué dans l'article précédent.

Il est formellement entendu que la Bulgarie se désiste, dès maintenant, de toute prétention sur l'île de Crète.

ART. 6. — Les quartiers généraux des armées respectives seront informés de la signature du traité. Le gouvernement bulgare s'engage à démobiliser dès le lendemain.

Les troupes dont la garnison est située dans la zone d'occupation de l'armée belligérante seront dirigées sur un autre point de l'ancien territoire bulgare et ne pourront regagner leurs garnisons habituelles qu'après l'évacuation de la zone d'occupation.

ART. 7. — L'évacuation du territoire bulgare commencera aussitôt après la démobilisation de l'armée bulgare et sera achevée au plus tard dans la quinzaine.

ART. 8. — Durant l'occupation du territoire bulgare, les armées conservant le droit de réquisition moyennant paiement en espèces, auront le libre usage des chemins de fer pour le transport des troupes et des approvisionnements, sans accorder d'indemnité. Les autorités locales, les malades et blessés seront placés sous la sauvegarde desdites armées.

ART. 9. — Aussitôt que possible, tous les prisonniers de guerre seront réciproquement rendus. Les gouvernements présenteront respectivement un état des dépenses effectuées pour le soin et l'entretien des prisonniers.

ART. 10. — Le présent traité sera ratifié et les ratifications seront échangées à Bucarest dans un délai de quinze jours, ou plus tôt, s'il est possible.

En foi de quoi, les plénipotentiaires respectifs ont signé et apposé leur cachet.

Fait à Bucarest, le 28 juillet/10 août 1913.

Ce traité enlève donc à la Bulgarie une partie de son ancien territoire du nord que lui arrache la Roumanie, qui l'oblige encore à démanteler les fortifications qui la protégeait contre sa puissante voisine et à reculer considérablement sa ligne de défense !

La paix de Bucarest, en coupant la Macédoine et en la partageant comme elle l'a fait entre Serbes, Grecs et Bulgares, ouvre une ère de difficultés nouvelles dans les Balkans ; les Macédoniens-Bulgares, ayant cru un instant qu'ils allaient obtenir leur annexion à la Bulgarie, ne laisseront pas une heure de repos aux autorités qui les gouverneront et s'acharneront à demander satisfaction aux États de la Péninsule et aux puissances. Ils recourront, pour obtenir gain de cause, à tous les moyens, et l'Europe accusera la Bulgarie d'entretenir un foyer de discordes chez ses anciens alliés, bien que le tsar Ferdinand ait toujours soutenu ouvertement la cause de la Macédoine en séparant cette politique, connue d'ailleurs, de celle des comités révolutionnaires macédoniens. Le partage du célèbre royaume d'Alexandre a sa cause première dans la création de l'Albanie et l'intervention autrichienne qui ont privé la Serbie de ce qu'elle comptait légitimement posséder sur l'Adriatique ; obligée de compenser cette perte, les Serbes soutenus par les Roumains et les Grecs, ont réclamé une part de la Macédoine, part que la Bulgarie s'est vue contrainte de leur céder. Cette cession, que désiraient Bucarest, Athènes et… deux grandes puissances, mettait entre Belgrade et Sofia une barrière qui servait admirablement les intérêts germano-roumains qui craignaient toujours la reconstitution de l'alliance balkanique !

Dans le sud, la Grèce obtenait Cavalla, dont elle n'avait nul besoin, puisqu'elle occupait Salonique, mais qui, en gênant terriblement les Bulgares, la rapprochait de Byzance… ou de Constantinople, et l'on dit que le roi Constantin ne dédaignerait pas de réaliser le rêve, attribué en décembre 1912 au tsar Ferdinand, de se faire couronner sur les rives du Bosphore « Basileus » (empereur) d'Orient !

CHAPITRE IV

Les accusations serbes et grecques contre les Bulgares.
— Le massacre des officiers serbes. — Atrocités reprochées par les Grecs aux Bulgares dans le sud. — Documents publiés par les Bulgares. — Fac-similés publiés
par les Bulgares. — Les Grecs en nient l'authenticité.
— Examen de leurs discussions et de leurs critiques. —
Les Comitadjis.

Tandis que les armées belligérantes combattaient
en Macédoine et, plus tard, pendant les négociations de Bucarest, alors que l'Europe manquait
de détails exacts et circonstanciés, soit sur les
opérations militaires, soit sur les discussions relatives à la signature de la paix, les feuilles françaises, comme les autres d'ailleurs, n'étaient remplies que des rapports, minutieux ceux-là, sur les
atrocités bulgares.

Plus tard, quand, ainsi que nous le verrons tout
à l'heure, Sofia put communiquer à son tour avec
Londres et Paris, ce furent les Bulgares qui accusèrent Serbes et Grecs d'horribles cruautés. Il importait, je crois, de mettre au point les notes des uns
et des autres, d'en relever les exagérations ou d'en
extraire autant que possible les justes et logiques
revendications ; aussi ai-je consacré un chapitre à
ces pénibles et douloureuses questions.

Voyons tout d'abord les griefs des alliés que
nous commenterons au fur et à mesure de leur
énoncé, puis nous examinerons ensuite les plaintes

formulées par le gouvernement bulgare et les populations macédoniennes. Voici ce qu'écrivait le 24 juillet M. Jean Leune dans *l'Illustration :*

1er juillet.

KILKIZ EN FLAMMES

Nous avançons vers la ville, maintenant en flammes. L'une après l'autre, les maisons en bois vermoulu, desséché encore par la chaleur de ces derniers jours, prennent feu. Tout d'abord, on voit une petite fumée bleuâtre courir sur le toit en tuiles. Cela dure quelques instants, puis, brusquement, un craquement sinistre, le toit s'affaisse, une épaisse fumée brune jaillit, pailletée de débris de toutes sortes. Une gerbe d'étincelles, de grandes flammes. Le toit s'est effondré. Plus loin, c'est un pan de mur qui s'écroule sur la rue. Et le feu se communique de maison en maison. Telle qui ne brûle pas encore va s'enflammer toute dans quelques instants, au contact de sa voisine à moitié consumée.

De tous côtés, des détonations. Des débris sifflent à nos oreilles. Ce sont des munitions ou des bombes qui éclatent, car Kilkiz était un nid à comitadjis, c'est-à-dire un arsenal toujours bien garni. Les Bulgares diront : « Ce sont les Grecs qui ont incendié la ville. » Voici ce qu'impartialement je dois dire, moi, qui ai vu les choses de près.

Hier soir même, des environs de Baltza, nous avons vu à la jumelle des obus tomber sur la ville, et déjà quelques fumées d'incendie s'élever vers le soir. Ce matin, dès 7 h. 1/2 (les choses ont pu commencer plus tôt, mais je ne veux dire que ce que j'ai vu), à mesure que de nouveaux obus tombaient sur la ville, de nouveaux incendies se produisaient. Vers 9 h. 1/2, les fumées se firent plus nombreuses et plus épaisses. Les soldats bulgares avaient déjà évacué la ville, qu'avait également quittée toute la population bulgare, ou peu s'en faut ! Des paysans turcs restèrent les seuls maîtres de Kilkiz jusqu'à son occupation par les troupes grecques vers 11 heures. Je tiens donc à certifier, en tant que témoin, que le feu avait déjà commencé en ville et avec une grande intensité une heure et demie au moins avant l'entrée d'un seul soldat grec, et que, durant que nous étions dans la ville, l'après-midi, nous n'avons pas vu un seul soldat « mettre le feu à une maison ».

M. Jean Leune a raison de ne raconter que ce qu'il a vu..., et je ne mets pas en doute la véracité de ses affirmations quant à l'incendie qui dévorait Kilkiz. Il n'est que trop certain que, dans cette malheureuse guerre, des villages entiers furent la proie des flammes, soit que les obus en tombant sur les maisons n'y mettent le feu, soit que les troupes battant en retraite ne veuillent détruire des constructions qui pourraient servir à leurs ennemis, soit encore qu'ils n'aient l'intention de faire le vide devant ceux-ci ! Je ne dis pas que ces raisons aient été celles des Bulgares, mais je me permets seulement d'émettre une opinion basée sur des faits prouvés par l'histoire. En tous cas, si quelqu'un avait à se plaindre de ces procédés, ce ne pourrait être, ce me semble, que les populations bulgares qui, ainsi, que l'écrit M. Jean Leune, occupaient Kilkiz et l'ont précipitamment quitté. L'ont-elles fait ?... Pas que je sache.

Mme Leune, continuant son voyage avec l'armée grecque, a partout interrogé les blessés, grecs évidemment, qu'elle rencontrait sur sa route et nous fait part dans *l'Illustration* du 2 août de ce qu'ils lui ont raconté :

Hier, une occasion s'est offerte d'aller en camion automobile à Serrès. Les Bulgares n'ont abandonné la ville qu'après l'avoir brûlée. Cent soixante des habitants ont été massacrés. Nous avons passé par Demir-Hissar, délicieuse petite ville bâtie sur la colline, avec son port couché sur les rochers et ses cyprès au rêve turc. Des femmes, des enfants vont et viennent, des loques humaines avec des figures de grande douleur et de grands désespoirs. Un blessé *se promène par les rues*. Il a eu une aventure étrange. Avant de fuir, les Bulgares ont fait battre le tambour, ce qui, dans tous les pays, annonce une importante communication. Ceux de Demir-Hissar sortent en masse. Les soldats saisissent le métropolite, les prêtres, les notables, 150 hommes en tout, et les conduisent à l'école bulgare. Dans la cour, un immense trou fraîchement creusé. On les fait asseoir tout autour. Les pauvres gens comprennent. Le grand trou va être leur tombe. Ils sont là qui le regardent et ils sourient comme des martyrs. Ils vont partir pour commencer la grande vie, celle que le temps n'achève pas. Ils verront de là-haut l'armée hellénique victorieuse prendre possession de la terre qu'ils ont défendue pendant leur courte vie terrestre, qu'ils ont conservée grecque. Ce sera leur œuvre. La baïonnette bulgare fonce et s'enfonce dans une fureur de bête fauve. La chair frémit et se revêt de rouge. *L'âme sourit et se revêt d'or. Un coup de baïonnette* enlève la barbe du métropolite avec le menton...

Que les villes de Serrès et de Demir-Hissar aient été brûlées, le fait n'est, hélas ! que trop fréquent dans une guerre, de même qu'il est probable en effet que les Bulgares ont tué des gens quelquefois innocents de ce dont on les accusait et les ont fusillés ; mais je doute que dans des circonstances si périlleuses pour eux, ils aient pris le temps de massacrer 150 hommes à la baïonnette au lieu de les passer par les armes purement et simplement. Je n'insiste pas sur l'habileté du soldat bulgare qui a pu, d'un coup, enlever la barbe du métropolite..., et je ne crois pas être taxé d'intransigeance ou d'étroitesse d'esprit en faisant observer à Mme Leune, dont j'admire le patriotisme, que ces incendies, exécutions et autres « visions affreuses » ne sont, hélas ! que normales en temps de guerre ! — Et plus loin :

SÉRÈS

Une route détestablement pavée qui nous fait faire des sauts formidables. Des arbres. Au loin, des toits de maisons, des casernes turques. Nous sommes à Sérès.

Au premier abord, aucune impression particulière. Les gens vont et viennent dans la rue. Des petits marchands vendent ici de la limonade, là des fruits... Et puis, tout d'un coup, après un tournant brusque de la rue, la terrible vision. L'incendie a passé. Des pans de murs noircis, des fers tordus, des débris de toutes sortes. Et cela fume encore d'une âcre fumée bleuâtre. Et les ruines noircies, déchiquetées, s'étendent au loin, à droite, à gauche. Elles grimpent au flanc d'une colline, en atteignent le sommet et redescendent sur l'autre flanc.

Ici étaient les magasins dont les enseignes avaient été écrites en bulgare sur l'ordre des autorités occupantes. Ici, une église reste seule debout, avec les quatre murs de sa nef, sa toute petite porte surmontée d'une inscription grecque en lettres d'or, respectée par le feu... Ici était une mosquée... Là, s'élevaient de riches maisons particulières, ou bien les consulats étrangers que la folie bulgare n'a pas eu l'habileté élémentaire d'épargner...

La ruine partout : des pierres noires, de la fumée bleue, que contemplent avec une parfaite insouciance de belles cigognes perchées sur les coupoles d'une mosquée échappée à la destruction. Voilà tout ce qui reste des trois quarts de Sérès, la ville grecque.

Des Grecs passent l'air abattu :

« Les Bulgares nous ont tout pris, puis ils ont incendié notre maison. Nous ne possédons plus en tout et pour tout que ceci (et ils nous montrent les vêtements qu'ils portent). Et nous n'avons plus de gîte. Qu'allons-nous devenir ? »

Des milliers de familles (20.000 personnes) sont ainsi sans foyer et manquent de tout. Bien heureuses quand elles ne sont pas de celles dont plusieurs des membres furent massacrés par les barbares en fuite. Deux cents notables : prêtres, avocats, docteurs, directeurs de banque, etc., ont été emprisonnés, puis assassinés après les pires tortures. Des familles ont un fils incorporé de force dans l'armée bulgare, et puis un autre fils qui, ayant pu se sauver à temps, sert comme volontaire dans l'armée grecque.

C'est vendredi dernier, dans la matinée, qu'un détachement d'infanterie, de cavalerie et d'artillerie commença de bombarder la ville sans défense. Les obus tombèrent un peu partout, faisant ici et là sauter des dépôts de bombes. Puis, à midi, ces vaillantes troupes entrèrent en ville. Les soldats massacrèrent tous les habitants qui n'avaient pas eu le temps de se cacher ou de se sauver. Ils brûlèrent les consulats. Le vice-consul d'Autriche fut même emmené dans la montagne avec sa famille et les malheureux qui s'étaient réfugiés chez lui. On les relâcha moyennant 300 livres turques (7.000 francs).

. . . .

Aujourd'hui, les familles sont dans le deuil. Femmes et jeunes filles ne sont plus vêtues que de noir. Et ce deuil cache le crime le plus effroyable qui se puisse concevoir. Les innocentes fillettes d'hier seront mères demain. Elles sont brisées de douleur. Mais le drame indescriptible, c'est que la femme et la mère se sont éveillées en elles... Alors, auprès d'elles, veillent leurs mères, dont les cheveux ont blanchi brusquement, et leurs frères farouches : « Nous les tuerons, nous vous le jurons sur le Christ ! » nous disent-ils. Et la haine de leur regard ne permet pas de douter qu'ils ne tiennent leur parole.

Ce n'est pas une famille qui vit ce drame affreux, cette tragédie aux phases poignantes de plusieurs mois, ce n'est pas dix, ni cent, ce sont presque toutes les familles, car les Bulgares sont restés à Sérès près de sept mois...

Ainsi parlait M. Jean Leune. Je lui ferai observer qu'il est au moins étrange qu'une partie d'un village étant encore fumante, ainsi qu'il le dit plus haut, l'autre partie ne s'en ressente nullement. Partout calme et tranquillité... Je ne pense pas, en outre, que la haine des populations pour les Bulgares se soit manifestée subitement, le jour de

l'arrivée des Grecs, alors que « les Bulgares vio-
laient les femmes et pillaient le pays depuis sept
mois ! » Je déplore absolument, comme M. Jean
Leune, que des tableaux de ce genre, même beaucoup moins éclatants que ne l'a décrit sa plume
éloquente, soient visibles à notre époque, mais je ne
crois pas possible de remédier à ces maux obligatoirement causés par la guerre et je me permettrai
encore de dire au sujet du correspondant de
l'Illustration que, si je suis un fervent admirateur
de son talent d'écrivain et si je suis intimement
persuadé de sa sincérité, je ne peux, pas plus qu'à
Mme Leune, lui reconnaître la qualité de l'impartialité. Mme Leune est grecque. N'est-il pas natu-
nel que son mari voie les événements avec des
yeux... *un peu* hellènes ?

Le 1ᵉʳ septembre, *le Temps* publiait l'information suivante :

On mande de Salonique à l'agence des Balkans que
de nombreuses bandes de comitadjis bulgares ont
envahi Xanthi où elles se sont livrées à des excès de
toutes sortes et ont pillé plusieurs maisons. Le butin
ainsi recueilli par les comitadjis a été envoyé à Sofia.
Les habitants grecs et musulmans de Xanthi qui se
sont réfugiés à Salonique dès l'approche des Bulgares
viennent d'adresser aux ministres des Affaires étrangères de France, d'Angleterre et d'Allemagne la dépêche suivante : « A la nouvelle que les troupes bulgares allaient réoccuper la ville et les environs de
Xanthi, nous avons dû abandonner nos foyers afin
d'échapper à des atrocités semblables à celles dont
nos yeux et nos cœurs gardent l'horrible souvenir. »

Or, le 27 septembre, *le Temps* insérait la note dont voici le texte :

On télégraphie d'Athènes à l'agence des Balkans : « La cavalerie bulgare, à peine arrivée aux avant-postes de Xanthi, a massacré trois paysans dont un grec et deux musulmans. Le reste des habitants de Xanthi se sont réfugiés à Oczibar où le nombre des réfugiés provenant des diverses villes de la Thrace s'élève à l'heure actuelle à plus de 3o.ooo. »

Que faut-il croire ? Ou bien les habitants de Xanthi ont fui dès la fin d'août devant les massacres des comitadjis, ainsi qu'ils en faisaient part aux chancelleries européennes, et, dans ce cas, ils ne seraient pas revenus pour » se faire massacrer le 27 septembre par la cavalerie bulgare », ou bien il est exact que les dits habitants de Xanthi se sont enfuis devant les Bulgares et, cette fois, la première information me semble bien peu fondée ! Dans ces conditions, n'est-il pas permis d'hésiter devant les déclarations catégoriques des alliés et d'examiner dès lors tous leurs dires avec la plus grande attention !

Du côté serbe (1), les accusations portées contre les Bulgares sont infiniment moins nombreuses que celles des Grecs. Cependant le gouvernement de Belgrade a communiqué, lui aussi, à la presse européenne une assez grande quantités de notes

1. Les Serbes reprochent surtout aux Bulgares d'avoir tué leurs prisonniers de guerre et leurs blessés. Je crois cette accusation sincère, mais je lui ajoute cette observation que « fusillés » est toujours sévère, mais n'est pas « massacrés ».

diverses qui furent partout reproduites. Je crois inutile de les redonner encore ici, me contentant de répéter à leur sujet qu'elles reprochent aux Bulgares massacres, pillages et vols dans la région d'Istep, d'Egri-Palanka et de Nisch sur des populations inoffensives, et je leur oppose seulement les communiqués bulgares parus à Sofia, mais non publiés en France, et les quelques renseignements que des personnalités indépendantes n'appartenant à aucune administration française ou bulgare ont bien voulu me confier. Une information serbe, ayant discuté les intentions des généraux bulgares, au moment de la signature de l'armistice de Bucarest, la Bulgarie répondit :

Les troupes serbes ont attaqué nos positions de Kitka, Koüla et Ritni-Del, dans l'arrondissement de Trn, le 18/31 juillet à l'heure où les hostilités devaient cesser, conformément à l'armistice signé à Bucarest, 1 heure de l'après-midi, heure de l'Europe occidentale.
L'officier bulgare chargé par le commandant des troupes opérant dans la région de Bossilegrade de notifier au commandant serbe l'ordre reçu de cesser les hostilités, a été reçu aux positions avancées par deux officiers serbes à qui il fit part des ordres d'avoir à cesser les hostilités à l'heure convenue à Bucarest. Conduit à 4 heures de l'après-midi chez le colonel commandant des troupes serbes de cette localité, celui-ci lui a fait connaître qu'il ne pouvait cesser les hostilités faute d'ordre à ce sujet et qu'il se proposait de continuer le combat.

D'autre part, il paraîtrait que dès l'apparition des troupes serbes dans la ville de Bossilégrade, le colonel Taneff, le lieutenant Stéphanof, le lieutenant Mincof, le sous-lieutenant Coutef et le maréchal des logis Vladef furent faits prisonniers. Le colonel reçut du lieutenant serbe une sommation d'avoir à envoyer immédiatement à deux escadrons de son régiment l'ordre de se rendre, sinon il serait fusillé ainsi que ses compagnons. Jugeant la situation désespérée, le colonel s'exécuta ; mais les officiers des escadrons visés se refusèrent à obéir et attaquèrent les troupes serbes qui reculèrent et passèrent par les armes leurs prisonniers.

Le commandant de la quatrième armée bulgare se plaignit en outre à Sofia de ce que :

1° Le 2 et le 5 juillet, les troupes serbes bombardèrent l'hôpital et la ville de Chtip ; l'hôpital et plusieurs maisons furent endommagés ou démolis. Les victimes sont très nombreuses parmi la population comme parmi les soldats blessés ou malades.

2° Les troupes serbes incendièrent le 2 juillet Novo-Sélené, le 4 juillet Sponchero et les domaines du couvent de Saint-Pantaleyion, le 7 et le 8 juillet, et tous les villages sur les deux rives de la Bregalnitza, massacrant les hommes trouvés, violant les femmes. Les moutons et les fromages de la bergerie du Koutzovalaque Hadji-Khéhaïa furent enlevés par les soldats serbes. Le propriétaire, après avoir été dépouillé de son argent, fut égorgé avec tous ses bergers.

3° Après la retraite de Krivolak, les Serbes organisèrent des bandes de baschibouzouk et prisonniers de guerre turcs. Une de ces bandes commandée par le cavass de l'école serbe de Velès (Koëprulu), pille et

incendie les villages des environs de Velès et de Krivolak. Parmi ces villages éprouvés se trouvent Novo-
Selo, Oulantki, Jdji-Dinertzi.

Il est très regrettable évidemment que l'hôpital
de Chtip ait été atteint pendant le bombardement
de cette ville, mais je veux croire qu'il n'y a eu là
aucune volonté préméditée de destruction d'un tel
établissement, de la part des officiers serbes.
Quant aux moutons et au fromage de la bergerie
d'Hadji-Khéhaïa, j'aurais été, je l'avoue, stupéfait
qu'ils ne disparaissent pas au cours de la guerre.
Un fromage est fait pour... fondre et un mouton
pour être mangé ! Par contre, ce qui m'étonne,
c'est le massacre des bergers et ce que j'ai appris par
ailleurs (1). Je ne parle pas de ce qu'ont pu subir
les femmes, car je suis persuadé que, de ce côté,
chacun des belligérants s'est laissé mener par ses
instincts naturels, comme l'ont fait d'ailleurs les
peuples dits civilisés depuis qu'ils existent et qu'ils
se battent et cela, aussi bien à l'époque de Fran-
çois Ier et de Charles-Quint qu'à celle de la Révolution et, plus près de nous encore, de 1870 et des
campagnes coloniales (2). Le fait est déplorable,
affreux, et, dira-t-on, inconcevable à notre époque,
mais il n'en existe pas moins et les officiers, les
correspondants de guerre et les journalistes qui

1. Parmi les villages qui ont été les plus éprouvés je citerai
Vinitza, Subnitza, Kavasdartzi, Oraovatz, Tremnik, Pipe-
rovo, et l'arrondissement de Vidin.

2. Que l'on ne croie pas que je fasse ici allusion en particulier à *nos* campagnes d'Indo-Chine, de Madagascar ou du
Maroc. Je veux dire toutes les guerres modernes.

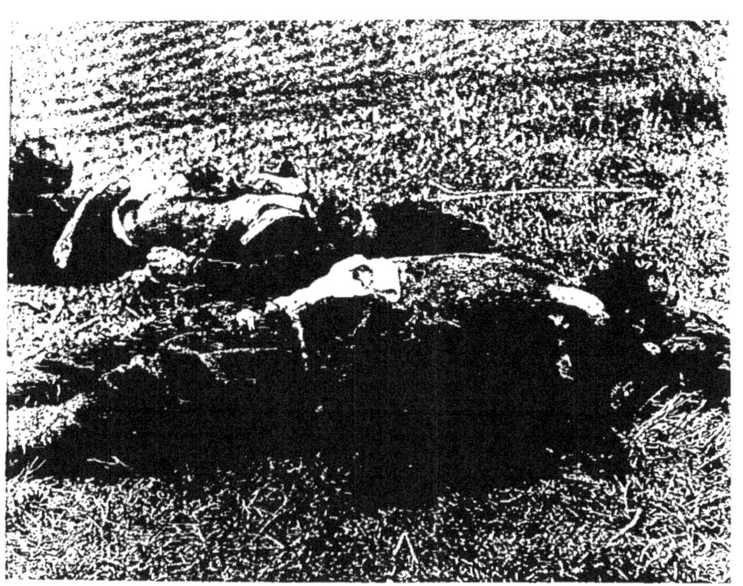

Atrocités grecques, Serrès, dernière guerre.

ont vu la guerre de près seront, je crois, de mon avis.

Mais cette question mise à part, il est indéniable que des enfants et des vieillards ont été massacrés par des soldats serbes (1) et, je le répète, c'est là ce qui m'étonne chez les Serbes dont on s'accorde à reconnaître la discipline et la politesse. Il est vrai que dans une lutte aussi acharnée que celle qui ensanglanta les Balkans en 1912 et en 1913, les excès furent nombreux et explicables par la rage des adversaires, l'excitation du combat et la rude nature des hommes qui formaient la majorité des contingents. Cependant il n'en est pas moins vrai que la Serbie ne devrait pas reprocher leur cruauté à ses ennemis, car ses armées par leurs liens avec les bandes irrégulières commirent, hélas ! bien des fautes qui ne peuvent qu'attrister tous ceux qui ont pour elle et ses troupes une réelle estime, et je suis très sincèrement de ceux-là.

Et pour terminer ces considérations que j'aurais voulu ne pas être obligé de faire sur les plaintes serbo-bulgares, je reproduis quelques lignes qui, malgré la gravité des circonstances, touchent au comique :

Les autorités serbes ont obligé la population d'Egri-Palanka et de l'arrondissement de cette ville, de verser 800 livres au sous-préfet comme cadeau de noces !

Revenons aux Grecs.

Il est clair, je crois, que, désirant non seulement

---

1. A Kisselez, près d'Egri-Palanka, que s'est-il passé? Il vaut mieux ne pas l'écrire ; à Tyrnovo, à Djéclilovo.....

isoler la Bulgarie des chancelleries d'Europe et faciliter ainsi l'exécution de leurs plans, mais encore voulant s'attirer entièrement les sympathies de l'opinion publique étrangère et particulièrement française, les Grecs attribuèrent assez souvent aux troupes bulgares les actes de leurs propres soldats. Les répressions qui se produisirent malheureusement dans deux villes ne furent-elles pas provoquées par les menées de quelques Grecs trop zélés qui poussaient les populations à se révolter contre l'autorité bulgare établie ? N'y eut-il pas encore ici des mains habiles pour semer la discorde en excitant de leur mieux les vieilles rivalités des Bulgares et des Grecs habitant la Thrace ou la Macédoine ? Qui avait intérêt à la dissolution du bloc balkanique ?...

Pour revenir aux combinaisons des agents propagandistes helléniques, il est, hélas ! avéré, que le clergé grec les aida considérablement et la lettre de Mgr Apostolos, archevêque de Sérès, publiée dans *l'Echo de Bulgarie* (1), justifia les plaintes des préfets bulgares. Le prélat, dans cette épître, menace le fonctionnaire bulgare d'envoyer dans les villages environnants des anthartes (2), s'il n'accédait pas à ses demandes. Voici les faits que je m'efforce de transcrire avec le plus de modération et de brièveté possibles.

A Sérès, des émissaires grecs organisaient depuis longtemps une émeute contre les autorités

---

1. *Echo de Bulgarie*, 12 juillet 1913.

2. Les anthartes sont des sortes de francs-tireurs obéissant à qui ils veulent et quand ils veulent.

bulgares. La police ayant découvert leurs menées dans la première quinzaine de juin, quelques-uns des coupables furent arrêtés et l'évêque grec reçut l'ordre de ne pas quitter l'évêché. Mais l'émeute continua à couver, et le 5 juillet, lorsque l'état-major de la deuxième armée quittait Sérès, elle éclata. Les habitants grecs, barricadés dans leurs maisons, tirèrent des fenêtres sur le préfet de police, le sous-préfet, d'autres fonctionnaires, sur les officiers et soldats attachés à l'état-major. Plusieurs personnes furent tuées. Les soldats obéissant aux ordres reçus ne ripostèrent pas ; la gendarmerie restée dans la ville et qui comptait quarante hommes seulement fut impuissante à rétablir l'ordre.

Dans l'après-midi, les habitants grecs se répandant dans la ville pillèrent les dépôts militaires, une partie des détenus sortirent de prison ; des villageois accourus de Vesnik, Soubachkeuy et Sarmoussak furent armés par les émeutiers qui occupèrent la ville et les casernes.

Deux cents Bulgares — soldats blessés ou malades, fonctionnaires, gendarmes, citoyens de la ville — furent massacrés. Quatre-vingt-treize personnes, des jeunes filles furent enfermées dans le collège grec où elles furent massacrées une à une. Leurs cadavres ont été retrouvés lorsque les troupes bulgares reprirent la ville comme on le verra plus loin.

La sédition était complète ; le lendemain une compagnie bulgare se rendant de Drama à Demir-Hissar, arriva à Sérès ; elle ne put entrer dans la ville, les coups de feu l'assaillant de toutes les maisons et, devant l'importante supériorité des rebelles, elle se replia.

A quelques jours de là, une colonne bulgare fut envoyée en reconnaissance vers Sérès et la Strouma ; à l'approche de la ville, elle se heurta à un millier de rebelles et d'anthartes qui l'assaillirent de trois côtés à la fois. Au bout de quelques heures de combat, les Grecs se retirèrent, poursuivis par les Bulgares qui exécutent un mouvement tournant ; ce que voyant, les Grecs se replient, non sans avoir mis le feu dans plusieurs dépôts qu'ils n'avaient pas encore pillés et aux quartiers turc et bulgare. Favorisé par un vent très violent, l'incendie se propagea rapidement et lorsque les Bulgares entrèrent dans la ville, il fut impossible de s'en rendre maître, car les rebelles tirèrent sur les soldats qui essayaient d'éteindre le feu. C'est à ce moment que fut tué un prêtre grec conduisant, le drapeau hellène à la main, une bande d'émeutiers à l'attaque des troupes bulgares.

C'est tout ce qui s'est passé à Sérès. L'assertion des Grecs disant que les soldats bulgares avaient massacré par vengeance l'archevêque, Mgr Apostolos, un grand nombre de notables et d'autres, est forgée de toutes pièces.

L'évêque grec de Doïran, que des dépêches d'Athènes disent avoir été également assassiné, se trouve sain et sauf à Etropolé, au nord de Sofia, où il est traité avec les égards dus à son rang.

En ce qui concerne la répression de Démir-Hissar, il y a lieu de dire que la population grecque, travaillée par les agitateurs, se révolta le 22/5 juillet lorsque les troupes bulgares se retirèrent. Elle pilla les dépôts d'armes, les établissements publics et les maisons bulgares et massacra tous les soldats qui lui tombèrent sous la main, ainsi que les malades, blessés d'un convoi sanitaire arrivé le jour même de Sérès ; on a retrouvé seize cadavres de soldats dans les alentours immédiats de la ville. Quant à ceux qui ont été massacrés dans la ville même, on n'a jamais pu en connaître le nombre.

Le lendemain, un détachement bulgare venant de Sérès se rendit maître de la ville ; les rebelles pris les armes à la main furent exécutés.

Il faut noter que les représailles faites à Demir-Hissar pour rétablir l'ordre s'expliquent quand on saura que, le 6 juillet, les troupes grecques incendièrent tous les villages bulgares des environs de Demir-Hissar.

Lorsque les troupes bulgares entrèrent à Ghevgheli, tous les habitants, y compris les serbisants et les grecisants qui y étaient restés, accueillirent les Bulgares à bras ouverts. Au retour des Grecs, tous les habitants prirent la fuite redoutant les atrocités qui se commirent sur les vieillards, femmes et enfants qui n'avaient pu s'échapper. Des jeunes filles de Ghevgheli, élèves du collège de Salonique, qui ont pu s'enfuir, font connaître que tel fut le sort de cinq de leurs camarades que deux cavaliers grecs ont mises en pièces. Au village de Franchlani, une femme de soixante-dix ans, sourde, chassée de sa maison par l'incendie, fut hélée par un soldat grec qui, ne recevant pas de réponse, la tua d'un coup de baïonnette. Les réfugiés de Ziliahovo disent que les Grecs incendièrent le bourg, massacrant la population turque, de même à Drenovo où les Grecs fusillaient les malheureux qui s'enfuyaient, rejetant leurs cadavres dans les flammes, comme partout où ils passaient !

Des milliers de fugitifs encombraient les routes, ces lamentables cortèges atteignaient chaque jour les frontières de l'ancienne Bulgarie ; ce n'étaient que femmes ayant perdu leurs enfants dans la fuite, vieillards et orphelins ; la misère de ces malheureux fut effroyable ; les scènes d'épouvante auxquelles ils ont assisté dépassent, disent-ils, les pires atrocités des Turcs.

Soldats et paysans blessés donnent des détails horribles sur les traitements infligés par les Grecs aux blessés bulgares tombés entre leurs mains, torturés avec des raffinements de cruauté et de vengeance ; ces malheureux sont achevés une fois réduits à l'état de loques incapables de sentir la souffrance.

J'admets encore que, dans les affirmations des soldats et des paysans, il règne une tendance générale à l'exagération, mais cependant il y a dans ce que je relatais plus haut de telles précisions, des faits si nets, comme par exemple l'incident de l'évêque de Doïran, que l'on a dit avoir été assassiné par les Bulgares, et qui se trouvait sain et sauf à Etropolé, que l'on regarde avec un œil de plus en plus stupéfait les récits, intéressants pourtant, de M. et Mme Leune, et les communiqués d'Athènes.

Voici, d'autre part, une note officielle bulgare ayant trait aux reproches des Grecs. Je la reproduis intégralement :

Sofia, 11/24 juillet.

Le Ministère royal des Affaires étrangères communique les faits suivants extraits des rapports des commandants de la 3e, de la 6e et de la 11e divisions :

I.— Au cours du combat entre Soulovo et Hounkos (région de Nigrita), le 19/1er juillet, un parti d'environ 2.000 anthartes et paysans grecs en armes ont attaqué par derrière le 70e régiment d'infanterie. Celui-ci a dû détacher des forces importantes pour les disperser. De nombreux habitants de Hounkos, barricadés dans les maisons, ont tiré sur nos soldats.

Les blessés qui n'ont pu être recueillis lors de la retraite du régiment, ont été massacrés par les soldats et les paysans grecs.

II. — En se repliant de Tchiflik Kavakly sur la maison du garde à l'ouest de la gare de Sérès, un des bataillons du 56e régiment d'infanterie a été attaqué par un parti de 400 anthartes qui portaient un drapeau, béni, d'après les dires de quelques prisonniers, par l'évêque grec de Sérès.

III. — Le village de Yakovo a été occupé par un bataillon grec et de nombreux irréguliers. Aussitôt entrés, les Grecs ont séparé en deux groupes les hommes et les femmes, violant nombre de ces dernières devant les yeux de leurs maris et parents. Toute la population mâle a ensuite été massacrée ;

de nombreux paysans ont été odieusement torturés ; certains, après avoir été mutilés d'une façon barbare — les yeux crevés, les oreilles et les mains coupées — ont été enfermés dans des granges et brûlés vifs. Un certain nombre de femmes, les plus jolies, ont été emmenées par les Grecs, qui ont fait passer les unes par les armes ou chassé les autres.

Le récit de toutes ces atrocités a été fait par quatre paysans qui ont pu prendre la fuite. Ces paysans disent que, parmi ces irréguliers, il y avait aussi des Turcs des villages voisins qu'ils connaissaient personnellement.

IV. — Des soldats blessés restés en arrière le 24 juin, après le combat de Kayali, ont été rejoints près de Barakli-Djoumaïa par des anthartes qui, après les avoir dévêtus, les rouèrent de coups, la plupart portés à la tête, et les abandonnèrent privés de connaissance. Ce fait est communiqué par le soldat Georges Neikoff, de la 7e compagnie du 16e régiment, qui, également blessé, a vu la scène de loin. Cet homme a pu se dissimuler et rejoindre son régiment.

V. — Le général Sarafof, commandant de la 3e division, affirme que les officiers et les soldats ont été tués par des balles explosives ; tel a été le cas du sous-lieutenant Karamalakof, tué le 21/4 juillet, et du sous-lieutenant Nicoloff, tué le 25/8 juillet.

VI. — Après le combat de Lahana, le commandant Gheorghieff, du 25e régiment d'infanterie, grièvement blessé, a été achevé à coups de sabre par un officier grec.

Des blessés légèrement et qui avaient eu le temps de se retirer, ont assisté à cet acte de barbarie. Ils déclarent que tous les soldats blessés tombés entre les mains des Grecs aux positions de Lahana ont été massacrés.

VII. — Le commandant Théodoroff, du 15e régiment

d'infanterie, qui a traversé le 24/7 juillet le village de Kara-Oglari, arrondissement de Drama, a constaté que tous les blessés bulgares laissés dans ce village par une ambulance de campagne, qui avait dû se retirer, ont été massacrés par les Grecs.

VIII. — Des cavaliers grecs, ayant revêtu des uniformes de cavalerie bulgare, pris dans un des dépôts de Sérès, ont cherché à attirer, le 2/15 juillet, au nord de cette ville, une reconnaissance de cavalerie bulgare ; lorsque nos cavaliers furent à portée, des soldats grecs embusqués dirigèrent sur eux une fusillade d'enfer.

IX. — Viddin a été bombardée jusqu'à la soirée du 18/31 juillet, la ville dévastée, il y aurait 200 tués, 600 blessés, outre les militaires. Le 1er août, le commandant de la 3e division bulgare a reçu une lettre du commandant des troupes grecques disposées au sud de Djoumaya, par laquelle celui-ci se plaint que, le 18, notre artillerie aurait tiré sur les lignes grecques couvertes par des drapeaux blancs, le général bulgare lui a répondu « que l'artillerie n'a point tiré sur les lignes couvertes de drapeaux blancs, mais bien sur la colonne de troupes qui débouchait à ce moment du défilé de Djoumaya, à 11 heures du matin, et que, par conséquent, la plainte des Grecs n'est pas fondée ».

Je dois dire que, dans cette note officielle de Sofia, j'estime exagéré l'article VIII au sujet des Grecs ayant revêtu des uniformes bulgares pour attirer ces derniers dans un guet-apens ; que le stratagème ne soit pas d'une délicatesse parfaite, je le veux bien, mais la délicatesse est inconnue de nos jours en temps de guerre. L'époque de la « guerre en dentelles » est lointaine, et ce n'est pas là un grief sérieux à reprocher aux troupes hellènes. A propos d'uniformes, je trouve infiniment plus importants et réellement graves les faits rapportés par Alexandre Petroff, habitant de Brossekhen, près de Drama. Il raconte que le 14 juillet, les troupes grecques, entrées dans son village en y massacrant les Bulgares, et lui, ayant pu échapper à la mort, grâce à sa femme qui se fit passer pour une Grecque, ils virent les Grecs revêtir d'uniformes de leur armée les cadavres des Bulgares tués ou mutilés qui étaient ensuite photographiés et quelques-uns transportés à Drama. Ceci se passe, je crois, de commentaires.

A leur entrée à Koukouch, les soldats grecs n'épargnèrent pas les quelques habitants qui s'y trouvaient encore. Ils pénétrèrent dans les bâtiments de la mission catholique, sur lesquels flottait le drapeau français et y égorgèrent plusieurs Bulgares uniates réfugiés là ainsi qu'une partie des Sœurs (1).

Je ne veux même pas parler des cruautés raffinées, des mutilations ignobles dont des paysans firent le récit et dont furent victimes de malheureux enfants, innocents à coup sûr des fautes de chacun !

Mais voici des lettres que le gouvernement de Sofia a fait publier en Europe au milieu d'août.

1. Le docteur Rebreyend, de la Croix-Rouge française, a dit au sujet des massacres dont les Grecs accusaient les Bulgares à Koukouch : « Quand on parle des massacres de Koukouch, je me méfie, car à Koukouch il n'y a que des Bulgares ! Il faudrait qu'ils se soient massacrés eux-mêmes ! »

Le communiqué bulgare disait textuellement :

Après un succès remporté sur l'aile droite de l'armée grecque, les Bulgares se sont emparés de la poste militaire du 19ᵉ régiment de la septième division grecque. Les lettres qu'elle contenait sont des plus compromettantes pour l'armée grecque. Nous en citons quelques-unes :

Le capitaine Samis, de la 12ᵉ compagnie, écrit le 12 juillet au docteur Panaghis à Liberion : « Lors de notre avance au nord de Sérès, nous avons incendié les villages Doutti et Banitza et massacré tous les habitants. Le commandant m'a félicité pour l'accomplissement de ma mission. »

Le soldat Zissis Coutoumis écrit à ses parents : « Nous sommes arrivés à la frontière turco-bulgare ; dans tous les endroits occupés par nous, il ne reste aucun Bulgare, nous les avons tués et nous avons incendié leurs villages. »

Le sergent-major Ghéorghi Setrion écrit à son frère à Larissa : « Là où nous avons passé, nous n'avons pas même épargné les chats. Tous les villages bulgares que nous avons traversés ont été incendiés ; c'était indescriptible ! »

Le soldat Constantin Papiano, de la même compagnie, écrit le 12 juillet à sa famille à Vitziani : « A Brodi nous avons capturé cinq Bulgares et nous leur avons crevé les yeux. »

Je tiens à faire remarquer que, de même je trouvais normal en temps de guerre de voir des villages incendiés et des hommes fusillés, ainsi que je le faisais observer à M. Jean Leune, je ne suis nullement étonné de ce qu'écrit le soldat Zissis Coutoumis. Par contre, les opérations que raconte

Constantin Papiano me semblent indignes et in-justifiables !

Le gouvernement grec n'a pas même, que je sache, démenti cette note, et je n'ai vu aucune protestation relative à ce document dans *le Temps*, généralement très bien informé.

Mais quelque temps après, le gouvernement de Sofia faisait répandre à l'étranger un fascicule contenant les fac-similés des lettres trouvées dans le courrier du 19ᵉ régiment de la 7ᶜ division grec-que, lettres dont nous avons plus haut reproduit des fragments. Voici quelques-unes de ces missives publiées dans le fascicule qui en renferme quatorze. Je crois bon de reproduire complète-ment les lettres dont *le Temps* publia des parties le 13 août et que je donne ci-dessous :

Page 3 du fascicule.

Rhodope, le 11 juillet 1913.

... Cette guerre a été très douloureuse. Nous avons incendié tous les villages abandonnés par les Bul-gares. Ceux-ci incendient les villages grecs et, nous, les villages bulgares. Ceux-ci massacrent, nous massa-crons et contre tous ceux qui, de cette malheureuse nation, sont tombés entre nos mains, a travaillé le Manlicher. Sur les 1.200 hommes prisonniers que nous avons fait à Nigrita, ne sont restés que 41 dans les prisons et, partout où nous avons passé, nous n'avons laissé aucune racine de cette race...

...Je vous embrasse tendrement, votre frère et votre époux.

SPILIOTOPOULOS PHILIPPOS.

Page 5 du fascicule.

M. Panaghi Leventi, médecin, Aliverion (Eubée).

... Je vous remets aussi ci-après la lettre de félicitations de mon commandant, M. Coutoghiri, dans laquelle il fait l'éloge de mon peloton, lequel, lors du court arrêt de quelques jours de notre division, avait reçu l'ordre à 5 heures de marcher vers le nord de Sérès, marche pendant laquelle nous avons engagé un combat avec les comitadjis bulgares que nous avons dispersés après en avoir tué le plus grand nombre, incendié les deux villages Diythi et Banitza, foyer de comitadjis redoutables et fait passer le tout par le feu et la baïonnette, et épargnant seulement les femmes, les enfants, les vieillards et les églises, et tout cela sans aucune pitié ni grâce, le cœur cruel en exécutant une condamnation encore plus cruelle.

Des avant-postes de l'armée, je vous embrasse ainsi que tous.

(signature illisible), sergent.

Merecostenitza, le 12 juillet 1913.

Page 6 du fascicule.

Tricala de Thessalie,
Fleuve de Nesto, 12 juillet 1912.

M. Sotir Papaïoannon, au village Vitziano, commune d'Ithicon.

... Ici à Vroudou (Brodi), j'ai pris cinq Bulgares avec une jeune fille de Sérès, nous les avons enfermés dans un caraval (poste de police) et retenus ; la fille tuée, ce que les Bulgares de leur côté ont aussi souffert : nous leur avons, vivants encore, crevé les yeux.

Je vous embrasse.

Coste.

Page 8 du fascicule.

Rhodope, frontière bulgare, 11 juillet 1913.

FRÈRE MITZO...

... et de Sérès jusqu'à la frontière nous avons
incendié tous les villages des Bulgares.

Mon adresse est la même: 7ᵉ division, 19ᵉ régiment,
11ᵉ peloton, Rhodope.

Joan CHRISTO TSIGARIDIS.

Page 19 du fascicule.

Rhodope, 13 juillet 1913.

MON CHER LÉONIDAS,

Sois bien, je le suis aussi; c'est ce que je souhaite pour
vous. J'ai reçu votre lettre qui m'a beaucoup réjoui.
J'en ai aussi reçu d'Aristide qui se porte bien et m'é-
crit qu'on vient également de l'enrôler, ce qui me fait
de la peine parce que mes souffrances ne peuvent pas
être adoucies par les larmes, parce que toutes les
choses sont perdues, parce que tu ne saurais t'imaginer comment nous nous tirons d'affaire à la guerre. On
brûle les villages et aussi les hommes, mais nous
autres aussi nous incendions et nous faisons pire
que les Bulgares.

Je vous salue, votre frère,

Thomas ZAPANTIATIS.

Cette fois le coup fut si vigoureux que l'on
s'émut à Paris comme à Athènes et, le 24 août,
le Temps publiait une interview d'une personnalité grecque niant l'authenticité de ces fac-similés.
Cette interview est trop longue pour que je la
reproduise entièrement ici, de même que je n'ai pu

donner toutes les lettres du fascicule bulgare ; je me contenterai donc de citer certains passages de ces intéressantes déclarations au sujet desquelles je me permets de présenter quelques observations. Les Grecs reprochent à la brochure en question de ne donner aucune précision sur l'endroit et la date de la prise du courrier. Mais outre qu'il ne me semble pas nécessaire d'indiquer exactement le champ, le coin de route, le point à 0 m. 5o près où l'événement a eu lieu, et que les Bulgares n'ont nul besoin d'accumuler comme le disent les Grecs des preuves d'authenticité de ce document, qui ne paraît pas si faux que ces derniers veulent bien l'affirmer (1) ; outre cela, donc, *le Temps* a publié une partie de ces lettres le 13 août. Pourquoi les Grecs ne l'ont-ils pas démenti à ce moment ?

Ils reprochent plus loin aux Bulgares le fait suivant :

Quand, par exemple, nous trouvons, à la page 8, une lettre du soldat Joan Christo Tsigaridis qui dit : « Frère Mitzo..... et de Sérès jusqu'à la frontière nous avons incendié tous les villages bulgares... Mon adresse est la même, 7ᵉ division, 19ᵉ régiment, 17ᵉ peloton, à Rhodope », il n'est pas besoin d'être Sherlock Holmes pour deviner que les Bulgares ont trouvé une lettre adressée à M. Joan Christo Tsigaridis, 7ᵉ division, 19ᵉ régiment, 17ᵉ peloton et signée « ton frère Mitzo ». Il était dès lors facile avec toutes garanties de l'existence de M. Joan Christo Tsigaridis

---

1. J'avoue ma complète incompétence en matière de faux de cette nature (si faux il y a).

et de son frère Mitzo d'imaginer une lettre du premier au second.

L'argumentation était glorieuse : l'état-major grec oserait-il nier qu'il existait au 17e peloton du 19e régiment de la 7e division un soldat nommé Joan Christo Tsigaridis? Dès lors la preuve était faite. Malheureusement pour les Bulgares, le frère Mitzo n'avait pas mis son nom complet et son adresse, ce qui fait que le fac-similé bulgare ne peut pas donner la précision du destinataire. Or, comment supposer que lorsqu'on saisit un sac de courrier, les lettres s'y trouvent sans enveloppes ?

Il est certain qu'un Sherlock Holmes est absolument inutile ici, comme le dit l'auteur de cet interview, il suffit d'être de bonne foi pour rester stupéfait qu'en de telles circonstances une *enveloppe* soit égarée !

Je note un peu plus loin la remarque suivante (décisive) :

C'est ainsi que, page 18, la pseudo-lettre dit (dans sa traduction française) : « On brûle les villages et aussi les hommes mais nous autres aussi... »

Or, dans le fac-similé grec, la phrase complète est : « *Kaigoun choria Kaigoun anthropos, Kai sfazoun païdia...* Les Bulgares brûlent les villages, brûlent les hommes et égorgent les enfants. » Le traducteur a omis ces derniers mots. Ailleurs (page 3), quand le pseudo texte grec dit : « Les villages que les Bulgares ont laissé sans les brûler », le traducteur interprète : « Les villages abandonnés. » Ailleurs encore (page 6) il est question d'une jeune fille de Sérès qui fut enfermée avec les Bulgares qui l'avaient enlevée dans un poste de police, et le traducteur dit :

« Nous les avons enfermés dans un poste de police et retenus, la fille tuée. Ce que les Bulgares de leur côté ont aussi souffert ! nous leur avons, vivants encore, crevé les yeux. »

Or, le pseudo texte grec dit : « *Alla to karitzi sfascané*. Mais les Bulgares ont égorgé la jeune fille, alors nous avons... »

C'est simple, net, clair ! On voit tout de suite ce qui s'est réellement passé... Cependant si ces documents des pages 18, 3 et 6 étaient faux, pourquoi les Bulgares auraient-ils laissé dans leurs textes fabriqués ces « égorgent les enfants », « n'ont pas brûlé les villages », et qu'il n'ont pas traduit en français par un sentiment bien naturel, je crois, envers des excès commis certainement, mais dans l'acharnement et l'exagération de la guerre, par des soldats rendus, en quelque sorte, inconscients? En cas de faux, il eût été logique de ne pas écrire de telles phrases, et, comme le disent les Grecs, les Bulgares étant *si habiles*, il eût été colossalement naïf de leur part de faire une telle erreur. N'insistons pas plus longtemps sur ce point et terminons ces légères critiques en nous contentant de reproduire textuellement cette phrase du même article :

Possibilité d'une lettre authentique, par exemple, celle de la page 5-6.

Si une est authentique, pourquoi pas les autres ?... A côté de ces cas si discutés, on en cite encore un qu'il importe de constater avec impartialité (1). La presse a publié le 12 septembre une note officielle de Sofia disant :

M. Spiro Souroudjieff, un des Bulgares les plus riches et les plus en vue de Salonique, arrêté par les autorités grecques, fut conduit à Volo ; en route il fut blessé et soumis aux plus grandes tortures. A Volo la population lui jeta des pierres sous les yeux des gendarmes qui l'escortaient. Enfin, épuisé, il fut ramené à Salonique. Son escorte continuait à le maltraiter disant qu'elle avait ordre de le faire mourir. Il succomba en effet des suites de ses blessures.

Le 21 septembre une information dont la source n'était pas spécifiée paraissait dans *le Temps :*

Une information de source officielle bulgare affirmait récemment que M. Spiro Souroudjieff, riche Bulgare de Salonique, était mort des suites des tor-

1. A titre de précision, donnons la copie de la note adressée par le Ministère bulgare des Affaires étrangères aux légations des six grandes puissances à Sofia, le 4 août 1912.

Note adressée par le Ministère bulgare des Affaires Étrangères aux légations des six grandes puissances à Sofia, le 4 août 1913.

Au cours des combats récents, les troupes grecques se sont servies contre les soldats bulgares de balles dont les bouts sont coupés et portant des incisions de 2 $^m/_m$ de diamètre et 4, 6, 5 $^m/_m$ de profondeur pratiquées au milieu de la partie sectionnée et produisant des ravages dans le corps humain dix fois plus graves que les balles ordinaires. Tandis que les plaies à la sortie de la balle grecque ordinaire après avoir traversé le corps humain ont d'habitude un diamètre de 6,5 $^m/_m$ égal au calibre du fusil grec, celles produites à la sortie des balles à bouts coupés atteignent 7 centimètres en diamètre ; donc, des ravages dix fois plus graves. Nombre de cas de ce genre ont été constatés par les médecins auprès de l'armée opérant contre les Grecs. Un procès-

tures qui lui avaient été infligées par les Grecs. Pour rétablir la vérité, on publie à Salonique un certificat délivré par la direction de l'hôpital français de Saint-Paul, à Salonique, attestant que M. Spiro Souroudjieff étant entré à l'hôpital et un examen bactériologique ayant démontré qu'il était atteint du choléra, fut transporté le lendemain au pavillon d'isolement des cholériques où il mourut.

L'information bulgare était incomplète n'indiquant pas où M. Souroudjieff était mort de ses blessures, mais le certificat français ne spécifie que deux choses : d'abord que M. Souroudjieff est entré à l'hôpital français, ensuite qu'on a découvert en lui le choléra, *après examen* bactériologique. Donc, s'il est entré à l'hôpital, c'est qu'il se sentait très atteint; ensuite, s'il a fallu un examen bactériologique, pour trouver le choléra, il est

verbal a notamment été dressé *ad hoc* par trois médecins, dont deux sont des médecins étrangers.

L'effet de ces balles ainsi coupées et portant des incisions au milieu de la partie sectionnée s'explique comme suit : par suite du choc avec le corps humain, la balle coupée se déforme, tout en continuant son mouvement, tandis que l'air de la cavité pratiquée au milieu de la partie sectionnée agit, au moment de la déformation de la balle dans le corps humain, comme matière explosive produisant des ravages énormes.

L'emploi de pareilles balles étant prohibé par l'article 23 du Règlement concernant les lois et coutumes de la guerre sur terre, élaboré par la deuxième Conférence de la Paix à La Haye, en 1907, le Ministre Royal des Affaires étrangères proteste contre cette infraction commise par les troupes grecques et prie la Légation... de bien vouloir faire connaître les faits ci-dessus.

Les autorités militaires sont en possession des cartouches grecques contenant les balles en question.

probable que ce n'est pas le terrible fléau qui l'a fait venir ainsi à l'hôpital, puisque le mal n'était pas apparent : enfin, il n'est pas signifié que M. Souroudjieff n'ait pas été blessé ou maltraité !

Mais ne continuons pas ces discussions qui ne changeraient rien au passé, ne poursuivons pas l'énumération et l'examen des fautes commises par les uns et les autres ; assez d'infamies ont été dites, assez d'horreurs et de cruautés ont été décrites ! Les Bulgares ont commis des excès, leurs soldats sont coupables de beaucoup de fautes, je suis le premier à le reconnaître, mais je crois qu'il est bon, ceci posé, de considérer encore trois points : d'abord, ils ne sont pas les seuls, ensuite, leurs adversaires sont vraiment mal venus de leur reprocher leurs erreurs, car ils en sont en partie responsables. et ils en ont fait encore beaucoup plus ; enfin, bien des crimes sont imputables aux comitadjis.

Quelques mots sur ces derniers afin de finir ce chapitre. Les comitadjis sont des chefs et membres de bandes armées, n'ayant aucun rapport avec l'armée régulière et ne dépendant de personne. Ils sont presque tous macédoniens. Ce sont des hommes rudes, braves jusqu'à la plus folle témérité, patriotes révolutionnaires en quelque sorte, et prêts à tout pour la réalisation de leurs desseins. Il ne faut pas les confondre avec les chefs macédo-bulgares dont nous parlions plus haut (1), quoi-

1. Voir chapitre III. Question macédonienne.

qu'ils aient des rapports avec eux. Il y eut, d'ailleurs, aussi, comme l'a dit M. André Tudesq, des comitadjis serbes que personne n'assimile à l'armée serbe, comme on ne doit pas de même assimiler les comitadjis bulgares avec l'armée bulgare...

APPENDICE.

Depuis la rédaction de ce chapitre, de nouveaux documents fac-similés me sont parvenus. Ces fac-similés précisent la date et le lieu de la prise du courrier qui contenait les lettres que nous avons reproduites et d'autres encore aussi probantes.

Le courrier en question a été intercepté par la 6e compagnie du lieutenant Foutekoff (57e régiment, 2e division) à Dobrinichté (Razlog), le 14/27 juillet 1913.

En voici une fort intéressante :

De l'armée grecque (Ecusson), en souvenir de la guerre turco-balkanique.

M. Gheorghi P. Soumbli Mégali Anastassova, Alagonia de Calamas.

Rhodope, le 12 juillet 1913.

CHERS PARENTS,

... Nous sommes allés à Nevrokope, là aussi on nous attendait, car là aussi nous avons livré combat toute la journée et nous les avons poursuivis jusqu'à un endroit où nous les avons attaqués à la baïonnette et leur avons pris 18 canons et 6 mitrailleuses. Ils ont pu fuir et nous ne sommes pas parvenus à les faire prisonniers. Nous n'en avons *pris que quelques-uns que nous avons tués, car tels sont les ordres que nous avons.* Partout où il y a un village bulgare nous y mettons le feu et le brûlons pour que cette sale race de Bulgares ne puisse plus renaître. Nous sommes à présent aux frontières bulgares et s'ils ne veulent pas s'amender, nous irons à Sofia.

Je vous embrasse. Votre fils,

PERICLI SOUMBLIS,

7° division, 19° régiment, 1ʳᵉ compagnie. Salonique.

Les lettres sont accompagnées, dans le fascicule édité par le gouvernement de Sofia, de dépositions de plusieurs Macédoniens réfugiés en Bulgarie après avoir subi les effets de l'offensive grecque. J'en extrais une au hasard :

Dépositions du nommé Mitu Koleff Christoff, originaire du village de Gavaliantzi (région de Koukouch), âgé de quatorze ans, actuellement à l'hôpital « Clémentine ».

Le 26 juin/9 juillet, lors de la retraite des troupes bulgares, les habitants du village de Gavaliantzi ont commencé à fuir. Moi, je me suis enfui aussi. Le lendemain je suis rentré au village pour prendre quelques effets et emmener ma mère. En route pour Kilindir, à quelques pas du village, nous avons été attaqués par un cavalier grec qui en nous criant : *Hei bulgaros,* a tiré sur nous ; de peur, je me suis affaissé et ma mère s'est mise à crier et à pleurer. Le cavalier a tiré encore plusieurs fois sur ma mère et l'a atteinte mortellement. Elle m'a demandé : « Mitu, es-tu encore en vie? » Puis elle a expiré. J'ai fait semblant d'être mort. J'ai vu comment un garçon qui rentrait au village a été attaqué par le même cavalier et tué à coups de sabre. Il en fut de même d'une petite fille boiteuse. Peu après, le meunier du village a passé par l'endroit où j'étais et m'a pris avec lui. Arrivé au moulin, il m'a caché dans le foin. Après, il a pris son fusil et s'achemina vers le fleuve où il a été rencontré par quelques cavaliers grecs auxquels il a dû se rendre. En venant vers l'endroit où j'avais été caché, le meunier m'a crié de me rendre puisque autrement on me massacrerait. Je suis sorti et on m'a conduit à l'école du village où, après une conversation entre le meunier et les cavaliers, ceux-ci nous ont remis, au meunier et à moi, un billet ; munis de ce dernier, nous nous sommes rendus au moulin où nous avons trouvé quelques autres cavaliers grecs venus du village de Kalinovo qui ont mis le feu au moulin et l'ont brûlé. Après quoi, ils sont partis. Le meunier a pris avec lui ce qu'il pouvait prendre et m'a dit que nous devions nous rendre au village pour demander un permis de voyage pour Salonique. Cependant, les cartouches qui avaient été cachées par le meunier dans le moulin ont commencé à éclater ; les cavaliers ont rebroussé chemin et se sont mis à tirer sur nous. Le meunier leur a montré le billet. Un cavalier sortit son revolver, tira sur moi et je tombai. Une balle m'a atteint au dos et une autre a perforé mon bras. Après j'ai reçu encore quelques coups de sabre au cou et au bras. Le meunier a été emmené, tandis que moi on m'a pris pour mort, et par conséquent, laissé sur place. Après la disparition des cavaliers, je me suis levé et caché dans les meules qui se trouvaient aux environs où je suis resté jusqu'à la tombée du jour.

Pendant la nuit, je suis allé au village de Tchougountzi, où il y avait des troupes bulgares. D'ici, on m'a envoyé avec un vieillard à la gare de Kilindir et à Doiran, où j'ai trouvé mon père et, par voie de Stroumitza-Djoumaia, je suis venu à Sofia. En fuyant, j'ai vu de loin le village de Gavaliantzi en flammes. Etaient en flammes aussi tous les villages bulgares des environs. La cavalerie grecque massacrait tous les Bulgares qu'elle rencontrait. Elle n'a épargné ni femmes ni enfants.

Sans commentaires!

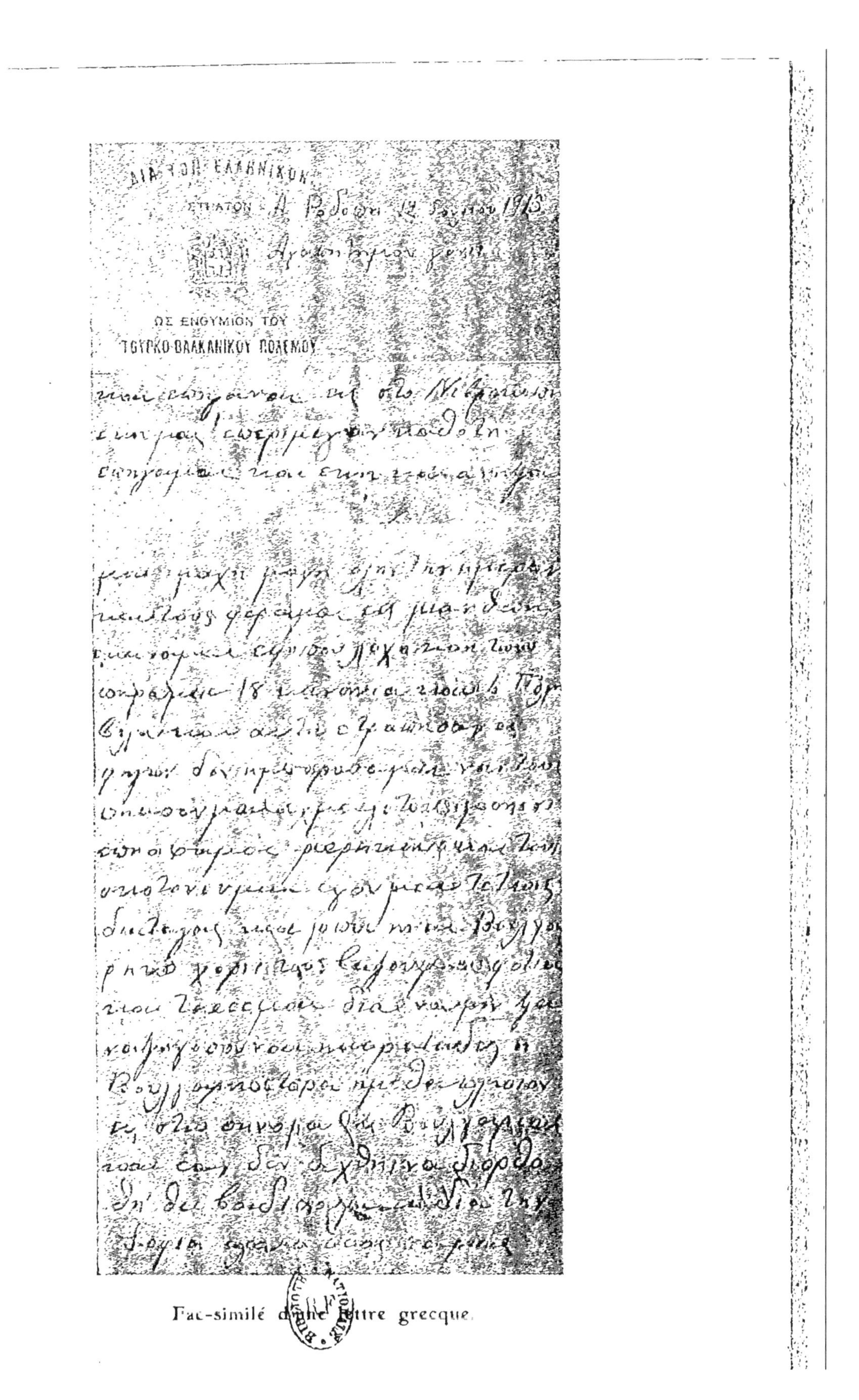

Fac-similé d'une lettre grecque.

CHAPITRE V

L'intervention turque. — Sa légitimité. — Réoccupation
d'Andrinople et d'une partie de la Thrace. — Réfugiés
Grecs devant la marche turque. — Négociations turco-
bulgares. — Le traité de Constantinople.

Ainsi que nous l'avons vu précédemment (1), au
moment où la Bulgarie était obligée de concentrer
toutes ses forces contre les alliés roumains, serbes
et grecs, un nouvel adversaire surgissait devant
elle : la Turquie.

Obligée par l'Europe de conclure la paix à Londres, elle avait suivi d'un œil attentif les dissenti-
ments qui commencèrent à se manifester entre les
alliés au commencement de 1913, lors des discussions qui s'élevaient plus âpres au sujet de l'attribution des territoires conquis. Une influence la
dominait d'ailleurs encore, influence qui se manifestait par un incident passé inaperçu, lors de l'as-
sassinat de Nazim Pacha (2), l'influence allemande. L'Allemagne, nous l'avons déjà maintes
fois remarqué, n'avait qu'un but comme l'Autriche-Hongrie : dissoudre le bloc balkanique et, cela
fait, empêcher sa reconstitution. En outre, l'Empire
ottoman désespéré, agonisant après les désastres

---

1. Chapitre III.
2. En dépit de démentis assez vagues d'ailleurs, on affirme
que, dans la nuit qui suivit le meurtre de Nazim Pacha,
Enver Bey eut avec le baron de Wangenheim, ambassadeur
d'Allemagne, une longue conversation.

de 1912, eût désiré un rapprochement franco-turc qui lui assurerait un appui financier considérable et une instruction militaire indéniablement supérieure à celle préconisée par la maréchal Von der Goltz. Voilà justement ce qu'il fallait empêcher à tout prix ; la diplomatie austro-prussienne se mit à l'œuvre avec une ténacité digne d'éloges. Elle fut aidée dans sa tâche par le grand vizir Mahmoud Chefket Pacha, le chef célèbre du parti jeune-turc, l'auteur principal du coup d'État de 1909.

Facilitant au Gouvernement ottoman les moyens de réorganiser son armée, l'entretenant habilement dans l'espoir de reconquérir quelques parcelles des provinces perdues, elle eut l'adresse de ne pas manifester ouvertement son désir de soutenir la Turquie et d'aller à l'encontre de l'influence française (1), afin de permettre aux hommes d'État de Constantinople de nous demander un nouvel emprunt sans effrayer l'opinion publique. En même temps, les cabinets de Berlin et de Vienne poursuivaient l'exécution de leur plan et se jouaient avec maëstria des peuples balkaniques ; ayant réussi à persuader à la Grèce que l'Allemagne la soutiendrait au cas où la guerre éclaterait entre Bulgares et Hellènes, et à la Roumanie (sans peine d'ailleurs) que le moment était venu de prendre part à la crise orientale, ils ne se firent pas faute de soutenir les belliqueuses intentions d'Enver Bey et d'une partie des troupes turques.

1. L'influence française dont nous parlerons plus longuement au chapitre IX.

Celles-ci qui, dès le mois de février, avaient déjà repris courage et ne ressemblaient plus aux vaincus de Kumanovo, de Kirk-Kilissé et de Lüle-Bourgas, ainsi que l'écrivait M. Georges Rémond (1), correspondant de *l'Illustration*, commençaient au mois de juin à exprimer des idées de revanche, désirs fermes et réfléchis ; et lorsque le 3o juin la rupture fut définitive entre les anciens alliés balkaniques, on se prépara fiévreusement à l'action, dans les camps ottomans de Tchataldja.

Vinrent les premières défaites bulgares ; l'ambassadeur d'Allemagne n'hésita pas. L'armée turque, sous le commandement d'Izzet Pacha, s'avança lentement vers le nord, refoulant devant elle les quelques escadrons bulgares qui se replièrent sur la division d'Andrinople. Nous savons le reste. Bientôt ce fut à Andrinople même que fut replanté l'étendard musulman, et durant le mois d'août, malgré sa déclaration du 19 juillet aux puissances, déclaration dans laquelle la Turquie affirmait ses bonnes intentions, ses désirs d'humanité et sa volonté de ne pas franchir la Maritza, elle laissa ses troupes prendre possession de nombreux villages situés, comme Kirdjali (2), au nord des Rhodopes, à peu de distance de l'ancienne frontière bulgare. A Constantinople, les puissances avaient pourtant tenté une démarche dite « collective », bien que l'accord ne fût que très

1. A lire, les belles et intéressantes pages de M. Rémond, dans son livre *Avec les vaincus*.

2. Kirdjali fut occupé le 22 août par les troupes régulières turques.

peu solide et tout à fait relatif, le mercredi 4 août,
pour demander à la Porte l'évacuation d'Andrinople, au nom des stipulations des traités de Londres. Mais le grand vizir (1) qui n'avait nullement
l'intention, pas plus que les hommes politiques
ottomans, de respecter le traité du 3o mai, perdu
pour eux dans les brumes de la Tamise, répondit
aux ambassadeurs « qu'il s'était efforcé de se conformer aux résolutions du traité de Londres, mais
que les excès des Bulgares l'ont contraint à agir
avec le souci de sauver la population musulmane
survivante et que, d'ailleurs, la Turquie s'était
bornée à réoccuper l'étendue du territoire musulman nécessaire pour assurer la sécurité de Constantinople, comme l'indiquait sa présente note
aux puissances ».

La Sublime-Porte, assurée du soutien secret
des monarchies germaniques, était absolument
tranquille sur l'issue des délibérations multiples
dont son refus faisait l'objet à Londres, à Saint-
Pétersbourg et à Paris, et craignait plutôt le zèle
intempestif d'Enver Bey et de ses amis ; aussi
préférait-elle résister à l'Europe et, suivant ses
immuables principes, tergiverser et... attendre.

La Bulgarie, réduite le 12 août par la paix de
Bucarest, à la moitié de ses possessions occiden-
tales de Macédoine et de Thrace, et amputée par
la généreuse Roumanie d'une partie de son ancien
territoire au nord-est, s'adressait aux puissances

1. Saïd Halim-Mahmoud Chefket ayant été tué le 11 juin
par des « Vengeurs » de Nazim-Pacha.

qui l'avaient laissé démobiliser après la signature
du traité, pour recouvrer Andrinople et la région
comprise entre l'Istrandja Dagh et la ligne Enos-
Midia. La France et la Russie pensèrent à boy-
cotter financièrement la Turquie et M. Sazonof fit
à Turkam Pacha, ministre de Turquie à Saint-
Pétersbourg, d'énergiques représentations, espérant que le Quai d'Orsay agirait de même vis-à-
vis de la Porte en lui refusant tout concours. Mais,
d'une part, plusieurs banques françaises trouvaient
à Constantinople un fort intérêt des sommes qu'elles
prêtaient, et, en outre, les milieux diplomatiques
viennois laissaient entendre que la Turquie se mon-
trerait conciliante et ne chercherait pas à garder
Andrinople ; on crut qu'il était inutile de prendre
des mesures sévères à l'égard de l'Empire ottoman.
Or, en Bulgarie, commençait à se manifester avec
violence un courant anti-russe, comme le montrait
la lettre du 14 août publiée dans *la Croix* du 25 et
que nous reproduisions plus haut (1) ; voulut-on
démentir par une action plus énergique les dires
de ceux qui accusaient la Russie d'hypocrisie
envers « le jeune frère slave », ou n'était-ce qu'une
menace vide et vaine ? Je ne saurais l'expliquer.
Bref, l'ambassadeur du tsar à Rome ayant été
interrogé au sujet de la crise orientale par le *Gior-
nale d'Italia*, déclarait que le conflit turco-bulgare
n'était pas le plus important, mais que « si la
Turquie déclarait la guerre à la Bulgarie, la Russie la déclarerait à son tour à la Turquie ». Du

1. Voir chapitre III, p. 84.

côté de la Triple Entente, il est évident que l'accord n'était pas fait et la Porte pouvait continuer ses opérations en toute sécurité ; elle le pouvait d'autant mieux que, journellement, elle recevait de la Triplice des témoignages d'estime et d'intérêt et des promesses de secours (1).

Ici, l'Allemagne démasqua lentement ses batteries.

Suivant le *Tanine* (de Constantinople), le consul allemand de Dedé-Agatch aurait demandé à la Turquie l'envoi d'un navire de guerre devant cette ville, parce que, disait-il, elle ne pouvait rester sans administration en l'absence des troupes grecques. Cette nouvelle ne fut pas, je crois, confirmée, mais elle établissait, en tous cas, par l'inspiration du journal seulement, que les agents de Berlin étaient avec la Porte en rapports plus intimes qu'on ne l'avait supposé, et que l'opinion publique considérait ce fait comme très normal.

En même temps, une mission turque chargée de gagner le plus de chancelleries possibles à la cause musulmane et de demander partout le maintien d'Andrinople au pouvoir du Sultan, parcourut l'Europe et..., par hasard sans doute, tint à donner à son passage à Berlin un caractère plus officiel et plus important qu'à son passage dans les autres capitales. Reçue par le baron de Stumm au ministère des Affaires étrangères (berlinois), elle lui remit un memorandum. Voici, d'après les Turcs

1. Les financiers italiens déclarèrent officiellement qu'ils étaient prêts à soutenir la Turquie en prenant une grande quantité de bons du Trésor.

eux-mêmes, ce qu'ils ont dit au fonctionnaire allemand :

Le mémoire que nous avons remis aux Affaires étrangères rappelle que la Thrace avait été soumise à la Turquie depuis quatre cents ans, que les peuples et les religions y ont vécu côte à côte en bonne harmonie sous la loi turque. Notre mémoire énumère les atrocités commises par les Bulgares pendant ces huit derniers mois. Il exprime l'espoir que l'Europe civilisée empêchera une lutte dans laquelle la Thrace verserait jusqu'à la dernière goutte de son sang.

Le Grec Orphinades, le Grec Gallias et le Turc Hamdullah-Ubi-Bey ont ajouté quelques mots. Ils ont dit qu'ils sont résolus à mourir plutôt que de devenir les sujets des Bulgares ; ils ont exprimé l'espoir que l'Allemagne n'abandonnerait pas la Turquie à cette heure difficile. Le Grec Orphinades ajoute : « Au nom des Grecs, je puis déclarer à Votre Excellence que pas un d'entre nous ne désire retomber sous la domination bulgare. Nous sommes venus ici supplier qu'on nous laisse vivre paisiblement sous le régime turc, car retomber sous le joug bulgare équivaut pour nous à un massacre certain. Dans ce cas, nous enverrions à l'étranger nos femmes, nos vieillards, nos enfants, et nous combattrions le fusil à la main, jusqu'à la mort. Nous vous demandons en particulier d'envoyer sur les lieux une commission internationale. Des choses atroces, abominables, lui seront révélées. D'ailleurs, il y a parmi nous déjà des témoins des atrocités bulgares. Je leur laisse la parole ; ils vous raconteront les crimes commis... »

M. de Stumm a répondu par une allocution extrêmement chaleureuse, et voici la substance de son discours aux délégués d'Andrinople :

« En Allemagne, nous avons toujours été les amis de la Turquie. Nous avons toujours été aux côtés de votre pays à l'heure décisive. Nous ne vous abandonnerons pas en ce moment (1). »

Il est probable, dit *l'Echo de Paris* du 23 août, que M. de Stumm s'est exprimé plus diplomatiquement, car, en flattant les Turcs d'une façon aussi précise, il risquait fort d'offenser la Russie. Qui sait ? Peut-être était-il absolument certain de ne blesser nullement l'Empire moscovite dont la politique semble hésiter aujourd'hui.

Et la Bulgarie, impuissante en face des armées ottomanes rénovées, continuait à demander à l'Europe de faire exécuter les conventions de Londres par la Turquie infidèle à ses engagements.

Mais, comme nous venons de le voir, les chancelleries jouaient double rôle. Paris songeait à ses trois milliards. Londres semblait se désintéresser du débat. Rome soutenait ouvertement le Sultan. Bref, alors qu'à Sofia on croyait encore à une intervention énergique sur Constantinople, ce fut sur les vainqueurs de Lüle-Bourgas qu'elle se produisit, du fait de *l'Autriche et de la Russie réunies* (2). La Bulgarie comprit que tout espoir était perdu et consentit à négocier directement avec la Porte le 1er septembre.

La Jeune-Turquie, dont les partisans ne s'en-

1. *Écho de Paris*, 23 août 1913.
2. Voir au chapitre III, ce que disait en effet le baron de Rosen sur l'alliance austro-russe et l'abandon des « petits frères slaves » ?

tendaient pas encore si bien qu'on le disait partout et n'entretenait pas (1), par son principe même, l'admirable discipline dont parlent nos grands turcophiles, se montrait, dès l'annonce officielle de l'ouverture des pourparlers, d'une intransigeance qui n'avait d'égale que la folie de ses passions politiques. Un de ses principaux organes, le *Jeune Turc*, écrivait :

En envoyant à Constantinople des délégués chargés de discuter les conditions de paix, les Bulgares ont reconnu, ce qui nous intéresse par dessus tout, la caducité du traité de Londres. Le traité de Londres peut, jusqu'à un certain point et pour certaines questions seulement, servir de *guide, d'aide-mémoire* si l'on veut, mais il ne peut être question d'invoquer ses clauses ou de leur donner entre les Bulgares et nous un caractère impératif.

Mais de ce qu'une discussion générale ne pourra pas se produire sur la question de la possession de la Thrace, il ne s'ensuit pas nécessairement que des négociations ne seront pas entamées par les Bulgares en vue d'une petite rectification de la frontière vers le nord, rectification destinée à sauvegarder l'amour-propre bulgare, et qui pourrait avoir comme compensation le retour définitif à la Turquie de quelques points situés sur la rive droite de la Maritza.

Il est évident que, présentée de cette manière, la demande d'une rectification de frontière pourrait

1. Le 3 septembre, au Baïram, Enver Bey refusa de saluer son adversaire politique Achmed Abouk-Pacha. Les efforts de Hourchid Pacha n'aboutirent qu'à exaspérer les deux hommes qui, des insultes, passèrent au revolver. Enver Bey reçut une balle dans le bras. L'ordre d'arrêter Abouk Pacha venu de Constantinople provoqua une échauffourée.

éventuellement être prise en considération par le gouvernement impérial à condition que les points qu'on nous offrirait représentassent une compensation équitable et eussent pour nous un intérêt soit politique, soit stratégique, suffisant pour justifier l'échange que les Bulgares voudraient proposer.

Et un peu plus loin il ajoute :

Des négociations vont commencer : il importe qu'elles ne durent pas longtemps ; les tergiversations, à l'heure actuelle, n'ont plus de raison d'être.

La patience, si grande soit-elle, a cependant des bornes.

L'intervention turque était certes, compréhensible, et nous aurions vu, en 1871, nos adversaires cernés après nos défaites que, je pense, nous nous serions empressés de marcher sur le Rhin. Mais jamais nous n'aurions pu atteindre le degré de ridicule intransigeance, d'inconscience même des porte-paroles du parti jeune-turc ! Dire que le traité de Londres était jusqu'à un certain point caduc n'avait rien que de très normal. Mais, n'admettre aucune discussion au sujet d'Andrinople ou de Kirk-Kilissé ; prétendre qu'éventuellement la Porte pourrait envisager une rectification de la frontière nord contre des compensations en Thrace et enfin déclarer que *l'heure des tergiversations* était passée, constituait de la part des « journalistes » ottomans une erreur qui aurait pu coûter fort cher à leur patrie pour peu que certaines puissances aient changé l'orientation première de leur politique après avoir sérieusement examiné ce que je ne suis pas le premier à découvrir.

Avant l'ouverture des négociations, un incident dont le fond fut d'ailleurs démenti accusa encore plus nettement la marche de la diplomatie allemande dont nous suivons pas à pas les opérations.

On publia dans la presse européenne, et notamment dans *le Temps* du 7 septembre, une interview du général Savof, au cours de laquelle il aurait déclaré : .

1° Que le parti militaire serbe était responsable de la rupture serbo-bulgare ;

2° Qu'il croyait aux sentiments conciliateurs de M. Vénizelos, mais que le roi Constantin était « jeune ».

3° Que la Bulgarie voulait Cavalla et la guerre de revanche contre les Grecs. Il fit en outre un vif éloge de la mission du général Eydoux. Or, l'impression produite par cette interview, en Allemagne, fut déplorable. Les journaux berlinois la commentèrent âprement (avec la politesse et la délicatesse que l'on sait) et manifestèrent visiblement leur mécontentement. Que pouvait-il en effet arriver de plus désagréable à l'Empire germanique que le relèvement de la Bulgarie, l'éloge de la France et l'échec de la Grèce où il voyait déjà une sphère d'influence qui se développait de jour en jour !

L'interview fut démenti et tout s'apaisa, mais la colère d'outre-Rhin n'en avait pas moins éclaté auparavant, nous éclairant ainsi de plus en plus sur les intentions de nos *pacifiques* voisins...

La première séance des pourparlers eut lieu le 7 au ministère des Affaires étrangères de Constantinople.

Le général Savof ayant dit aux délégués turcs que les propositions bulgares n'étaient pas prêtes, Mahmoud Pacha exposa les desiderata de son gouvernement qui voulait la Maritza comme frontière et désirait garder Dimotika. La question fut écartée provisoirement. Mais on comprend aisément la surprise des plénipotentiaires bulgares lorsque, sur la demande du général Savof concernant la frontière nord, Mahmoud Pacha lui répondit : « Naturellement l'ancienne frontière, de Mustapha-Pacha à la mer Noire. »

Cependant on voulut, de part et d'autre, se montrer conciliants et on convint de tenir des séances privées supplémentaires, en dehors des séances officielles. L'impression était optimiste. Je n'insisterai pas sur le détail des journées qui furent consacrées aux nombreuses discussions entre les deux partis ; je me contenterai seulement d'en marquer les points importants en relevant autant que possible les questions touchant à la situation internationale et particulièrement à la France et en suivant l'Allemagne dans sa campagne orientale actuelle.

Les habitants de Gumuldjina ayant rédigé une pétition demandant l'attribution de leur ville à la Turquie, celle-ci, qui n'était peut-être pas étrangère à cette manifestation spontanée, s'en servit pour appuyer ses arguments près des délégués bulgares, et, en cédant sur ce point, pour pouvoir montrer son esprit de conciliation. Les Ottomans, sur le conseil d'En Haut (du nord-ouest) tentèrent d'abord de garder le port de Dédé-Agatch, qui gênerait particulièrement l'Allemagne et l'Autriche, s'il était bulgare, en favorisant la France. Voyant qu'ils ne pouvaient réussir, ils demandèrent autour d'Andrinople une zone de territoire qui irait jusqu'à Ortakeuï, à l'ouest de la Maritza, en donnant comme raison à leurs prétentions la protection d'Andrinople. C'était la suite du plan austro-allemand opposé à nos intérêts; en effet, après l'enlèvement de Cavalla donné à la Grèce, la seule issue bulgare sur la mer Égée est Dédé-Agatch, et la seule voie possible entre la Bulgarie intérieure et Dédé-Agatch est le chemin de fer existant sur la rive droite de la Maritza. Il est facile de s'en convaincre par un coup d'œil sur une carte de la région. Il n'existe à l'est de Cavalla qu'une vallée aisément utilisable pour une voie ferrée, c'est celle de la Maritza. Or, par Dédé-Agatch, c'est Marseille à quatre ou cinq jours de distance, et c'est par là le commerce français entrant en Bulgarie, où nos articles fort appréciés, mais trop peu connus, auront toujours la préférence. Voilà pourquoi il était important pour nous de voir la Bulgarie en possession d'un port sur l'Égée et d'un accès à ce port, et pourquoi en même temps il était intéressant pour les puissances germaniques d'opposer à la réalisation de ce projet toutes les barrières qu'elles pourraient trouver. La Turquie refusait donc énergiquement d'abandonner Ortakeuy et Dimotika, et les envoyés du roi Ferdinand continuaient à demander au moins une de ces villes avec une insistance bien naturelle. Le 12 septembre, le général Savof se rendit chez les ambassadeurs de Russie et d'Autriche, espérant que ceux-ci conseilleraient à la Porte une plus grande modération.

Le lendemain, les deux diplomates se rendirent au palais du grand visir, dans ce but sans doute, mais, hasard curieux, le 14 septembre, les Turcs se montrèrent au contraire plus irritables et les milieux ottomans bien informés, accusant les Bulgares d'adopter une attitude manquant de franchise, manifestèrent un recul très net sur les concessions des jours précédents. Le *Tanine* publiait même un article particulièrement violent, dans lequel il s'exprimait en ces termes : « La Bulgarie veut se jouer de nous. Puisqu'il en est ainsi, la Turquie n'a plus qu'une parole à prononcer : « Messieurs, vous accepterez notre projet ou nous « irons à Sofia pour en obtenir la réalisation. »

Afin de se donner encore un plus beau rôle vis-à-vis de l'Europe « humanitaire », la Turquie publiait un télégramme signé des notables principaux de Dimotika, et rédigé avec le même enthousiasme, la même spontanéité désintéressée que la protestation des habitants de Gumuldjina.

Cet admirable témoignage, qui venait si à propos, était signé en majorité par des individus évidemment impartiaux du fait même de leur race, vis-à-vis des Bulgares... des Grecs ! Passons... Je ne me trouvais pas à Constantinople, je n'ai donc pu me rendre compte par moi-même de la plus ou moins grande véracité des allégations ottomanes au sujet de l'attitude des négociateurs bulgares et de l'exagération de leurs demandes. Mais *le Temps* a publié, le 10 septembre, un interview de la plus haute importance de M. D. Stanciof, l'éminent ministre de Bulgarie à Paris. Le voici dans son texte complet :

INTERVIEW DE M. DIMITRI STANCIOF, MINISTRE DE BULGARIE A PARIS

La presse trouve les demandes de la Bulgarie légitimes et modestes, et l'on a ajouté que leur acceptation serait, pour l'avenir, une profonde garantie de sécurité et de paix. Il faut donc espérer qu'elles seront adoptées.

Pour le tracé de la frontière, trois points principaux nous occupent :

1º Nous demanderions le *cours de la Maritza*, qui reste notre seul et vrai chemin vers la mer Égée, et, de plus, sur la rive gauche, une légère bordure qui puisse garantir cette voie de communication essentielle à notre développement économique. Notre intention était de rendre le fleuve navigable. La réalisation de ce projet serait pour les Bulgares une lourde charge dont les Ottomans de Thrace auraient, aussi bien que nous, le bénéfice;

2º A Andrinople même, la ligne de la Maritza devrait aussi rester frontière, si on ne veut nous accorder, à l'ouest d'Andrinople, une zone assez étendue, marquée, disait *le Temps* du 4 septembre, par une ligne qui descendrait de Moustapha-Pacha à un point de la Maritza situé au sud de Dimotika, après avoir passé à une quarantaine de kilomètres de la ville. Ce tracé serait pour nous une ruine irréparable. Par le fait de notre accès à la mer Égée, toute la Bulgarie centrale devient tributaire de cette mer. Or, l'attribution à la Grèce du port de Cavalla et de la Mesta inférieure nous a réduits au seul port de Dédé-Agatch. Et le port de Dédé-Agatch n'est ouvert à la Bulgarie que par la vallée de la Maritza. Sur tout autre point, le chemin de fer aurait à traverser un massif formé d'un enchevêtrement de montagnes de plus de 1.000 mètres d'altitude. On ne peut nous imposer la construction d'une pareille voie, qui serait excessivement coûteuse et sans rapport d'exploitation. Il faudrait donc, si on ne veut pas fermer à la Bulgarie toute communication avec l'extérieur, lui laisser la possibilité d'arriver à la mer Égée par le seul chemin qui lui reste.

Pour réclamer la zone de l'Arda inférieur, à l'ouest d'Andrinople, la Turquie invoque la défense d'Andrinople.

On pourrait répondre :

a) Les vrais travaux de défense se trouvent tous, ou à peu près, sur la rive gauche ;

b) Si la Turquie insiste tant pour la sauvegarde d'une seule ville, la Bulgarie a bien plus de raisons de réclamer la jouissance de la rive droite de cette vallée, dont l'occupation par les Turcs compromettrait toute sa vie économique en lui fermant la mer ;

c) Avant même la chute d'Andrinople, la Bulgarie avait envisagé sans crainte cette disposition, en offrant elle-même de fixer la frontière, suivant la ligne de la Maritza et de la Toundja, et en laissant aux Bulgares la gare de Karagatch ;

d) Cette station et le village de ce nom, très éloignés de la ville, peuvent en être détachés sans inconvénient pour la Turquie qui peut, sans beaucoup de frais, construire un tronçon de voie ferrée sur Andrinople, soit de Baba-Eski, soit mieux de Parlokeui, en suivant le cours du ruisseau Soziou Malach, par la vallée d'un des affluents de la rivière Ergéné. Cette voie, en plein territoire turc, plus directe et mieux protégée que celle de la Maritza, serait infiniment supérieure à cette dernière au point de vue des intérêts turcs;

3º D'Andrinople à la mer Noire, la Bulgarie demanderait le maintien des dispositions générales du traité de San Stéphano. La ligne frontière gagnerait Midia, après une forte inflexion au sud, du côté de Baba Eski. Cette ancienne frontière de San Stefano, tracée au peuple bulgare par les Russes, alors que la Bulgarie n'existait pas encore, cette frontière ethnographique qui enfermait presque toute la Macédoine, eût mérité d'attirer un peu plus l'attention des diplomates pendant la répartition précipitée des terres balkaniques.

On y eût trouvé une base pleine de garanties pour la paix de l'avenir. Il n'en fut pas ainsi, et on peut exprimer une deuxième fois en ce moment le regret formulé par le baron d'Avril dans son ouvrage sur : *Les Négociations relatives au traité de Berlin.* « Si la grande Bulgarie n'avait pas été instituée à la Conférence de Constantinople, il fallait l'inventer quand on a voté à Berlin l'article 14 du traité. »

A Bucarest, après le partage de la Macédoine, on prétendait qu'il restait aux Bulgares la Thrace. De cette Thrace, aujourd'hui reprise, nous devons au moins garder la partie la plus bulgare, celle qui avait été attribuée à la Bulgarie, la première fois qu'on avait tracé des frontières à notre nation.

Examinons rapidement la thèse bulgare ainsi exprimée. Au point de vue de la vallée de la Maritza, nous avons déjà vu plus haut quelle était à juste titre son importance et celle de Dédé-Agatch pour la Bulgarie. Il serait extrêmement difficile, et en effet très coûteux, de construire une ligne de chemin de fer traversant les Rhodopes et reliant l'intérieur du pays à la mer, le projet n'aurait de chances de réussir que du côté de Cavalla.

Dans la réponse faite à la Turquie au sujet de la zone de l'Arda supérieur, il est vrai que sur la rive gauche se trouvent la plupart des travaux de défense de la ville, et ce qui est à remarquer surtout, c'est qu'en effet les Turcs, avant la chute d'Andrinople, avaient offert d'eux-mêmes une frontière suivant la Maritza et la Toundja. Mais la frontière, tracée suivant la proposition de M. Stanciof, n'aurait laissé à la Turquie, au nord, qu'une sorte de promontoire à la pointe duquel Andrinople ottomane eût été assez isolée. La possession de Dimotika, qu'elle fortifiera vraisemblablement, lui permettra de dégager Andrinople bulgare, de couper les communications d' « Odrin » avec Constantinople.

Quant au traité de Berlin, on connaît ses erreurs ! Voici maintenant l'article du traité de San Stefano dont se réclame M. Stanciof dans son exposé si clair et si modéré de la situation et des desiderata bulgares. Il me semble instructif, en tous cas, de le comparer avec le traité de paix que nous verrons plus loin !

Extrait de l'article 6 du traité de San Stefano (1).

La frontière se dirigera, par l'embouchure du Vardar et par le Galliko, vers les villages de Barga et de Saraï-Keuï : de là, par le milieu du lac Bechikguel, à l'embouchure des rivières Strouma et Kara-Sou et par la côte maritime jusqu'au Buru–Guel ; plus loin, partant dans la direction nord-ouest vers le mont Tchultepé, par la chaîne du Rhodope jusqu'au mont Krouschow, par les Balkans noirs, par les monts Eschekkoulatchi, Tchépelion, Karakolar et Ischiklar, jusqu'à la rivière Arda.

De là, la ligne frontière sera tracée dans la direction de la ville de Tchirmen et, laissant la ville d'Andrinople au midi, par les villages de Sugutlion, Kara Hamza, Arnaoutkeuï, Akardji et Emdjé jusqu'à la rivière Tékédéressi, jusqu'à Lüle–Bourgas et, de là, par la rivière Sourjak-Deré, jusqu'au village de Serguen, la ligne frontière ira directement par les hauteurs vers Hakim-Taliassi où elle aboutira à la mer Noire.

Des nouvelles circulèrent en Europe dès le 16 septembre annonçant l'accord turco-bulgare sur la délimitation des frontières, et enfin (2), le 19, le correspondant particulier du *Temps* lui télégraphiait que l'accord était officiel entre le général Savof et Talaat Bey. Dimotika et Kirk-Kilissé restaient à la Turquie. Les Bulgares avaient tenté pourtant de conserver la première de ces villes en offrant à la Turquie de construire un chemin de fer

1. Signé le 3 mars 1878 par le tsar Alexandre II et le Sultan.
2. Tension immédiate des relations gréco-turques. La situation s'aggrave entre Athènes et Constantinople.

allant d'Andrinople à Eski-Baba, mais le grand vizir et Izzet Pacha furent irréductibles et les Bulgares n'insistèrent pas, faisant ainsi preuve d'une réelle modération.

Les jours suivants, on discuta les questions secondaires relatives aux muftis, aux vakoufs et à l'indigénat.

L'Empire ottoman aurait bien voulu obtenir encore plus que ce qui lui fut reconnu, tant pour son prestige que pour se conformer aux désirs allemands, mais au milieu de septembre un courant favorable à la Bulgarie s'était manifesté en France et, vu le côté particulièrement bienveillant de cette dernière en sa faveur, la Sublime-Porte comprit que le moment était venu de terminer les pourparlers.

Le 29 septembre, le traité turco-bulgare fut signé à Constantinople. En voici les dispositions :

Préambule.

S. M. l'Empereur des Ottomans et S. M. le Roi des Bulgares, animés du désir de régler à l'amiable et sur une base durable l'état de choses créé par les événements qui se sont produits depuis la conclusion du traité de Londres, et de rétablir des relations d'amitié et de bon voisinage si nécessaires pour le bien-être de leurs peuples, ont résolu de conclure le présent traité et ont choisi respectivement à cet effet pour plénipotentiaires (suivent les noms des plénipotentiaires bulgares et ottomans), lesquels, après s'être communiqué leurs pleins pouvoirs trouvés en bonne et due forme, sont convenus de ce qui suit :

Tracé de la frontière.

Elle partira de la mer Noire au nord de l'embouchure du fleuve Rezavaya, passera immédiatement au nord de la ville de San Stefano, rejoindra l'ancienne frontière près de Desletligak, la suivra jusqu'à Soudjak, passera ensuite à 2 kil. à l'est d'Ortakeuï, touchera la Maritza à Mandra et suivra le cours de ce fleuve jusqu'au delta dont elle suivra la branche droite jusqu'à la mer Egée.

Remise des territoires.

Dix jours après la signature du présent traité par les plénipotentiaires sus-mentionnés, les armées des deux parties contractantes, qui en ce moment occuperaient des territoires revenant à l'autre partie, s'empresseront de les évacuer et, dans l'espace des quinze jours suivants, de les remettre, conformément aux règles et aux usages, aux autorités de l'autre partie. Il va sans dire que les deux États s'empresseront de démobiliser leurs armées dans l'espace de trois semaines à partir de la date du présent traité.

Amnistie et échange de prisonniers.

Une amnistie pleine et entière est accordée par les hautes parties contractantes à toutes les personnes qui ont pris part aux hostilités ou qui se sont compromises dans les événements politiques antérieurs au présent traité.

Les habitants des territoires cédés jouiront de la même amnistie.

Le bénéfice de cette amnistie cessera à l'expiration d'un délai de deux semaines fixé par les autorités légalement constituées lors de la réoccupation des territoires revenant à la Bulgarie et dûment porté à la connaissance des populations. Les prisonniers de guerre et otages seront échangés dans un délai d'un mois à partir de la signature du présent traité ou plus tôt si faire se peut. L'échange aura lieu par les soins de commissaires spéciaux nommés de part et d'autre.

Les frais d'entretien des dits prisonniers de guerre et otages seront à la charge du gouvernement au pouvoir duquel ils se trouvent ; toutefois la solde des officiers payée par le gouvernement sera remboursée par l'État dont ils relèvent.

Relations économiques.

En vue de favoriser les relations économiques entre les deux pays, les hautes parties contractantes s'engagent à remettre en vigueur aussitôt après la signature du présent traité la convention pour le commerce et la navigation, conclue le 6/19 février 1911, et à accorder à leurs produits industriels, agricoles et autres, toutes les facilités douanières compatibles avec leurs engagements existant à l'égard des tierces puissances. La déclaration consulaire du 18 novembre (1er décembre 1909) sera remise également en vigueur pendant le même délai.

Toutefois, chacune des hautes parties contractantes pourra créer des consulats généraux, consulats et vice-consulats de carrière dans toutes les localités où des agents de tierces puissances sont admises.

Question des nationalités.

Un délai de quatre ans est accordé aux habitants des pays qui restent à la Bulgarie pour émigrer ou opter pour la nationalité bulgare. Durant ces quatre ans, les habitants ne seront pas assujettis au service militaire.

Garanties industrielles.

Les communautés bulgares auront les mêmes droits dont jouissent actuellement les autres communautés chrétiennes dans l'Empire ottoman. Les Bulgares, sujets ottomans, conserveront leurs biens meubles et immeubles et ne seront aucunement inquiétés dans l'exercice de leurs droits.

Ceux qui ont quitté leurs foyers lors des derniers événements pourront y retourner dans un délai de deux ans au plus tard.

Les sujets de chacun des États contractants pourront séjourner et circuler librement comme par le passé sur le territoire de l'autre État contractant.

Régime des biens.

Les biens particuliers de S. M. Impériale le Sultan, ainsi que ceux des membres de la dynastie impériale seront maintenus et respectés. Ils pourront les vendre ou les affermer par l'intermédiaire de fondés de pouvoirs. Il en sera de même pour les biens du domaine privé qui appartiendraient à l'État.

Les biens et les dîmes vakoufs dans les territoires cédés, tels qu'ils résultent actuellement des lois ottomanes, seront respectés. Ils seront gérés par qui de droit. Leur régime ne pourrait être modifié que par une indemnisation de l'Empire ottoman sur les revenus vakoufs dans les territoires cédés à titre de droits divers. Les vakoufs bâtis ou non bâtis seront respectés.

Reprise des relations diplomatiques.

Les relations diplomatiques ainsi que les communications postales, télégraphiques et par chemin de fer reprendront entre les hautes parties contractantes immédiatement après la signature du présent traité.

La convention relative aux muftis formant l'annexe du présent traité sera applicable dans tous les territoires bulgares.

Les droits antérieurs.

Les droits acquis antérieurement à l'annexion des territoires et des titres officiels émanant des autorités compétentes seront respectés et inviolables jusqu'à la preuve légale du contraire.

Le gouvernement impérial ottoman déclare qu'il n'a pas consenti, depuis l'occupation par les forces bulgares des territoires cédés, à des cessions de droit à des particuliers en vue de restreindre les droits souverains de l'État bulgare.

Questions musulmanes.

Les mosquées ainsi que les fondations religieuses de bienfaisance musulmanes, avec leurs dépendances, biens meubles, et autres, continueront à appartenir aux communautés musulmanes dans les territoires cédés. Celles qui auraient été désaffectées depuis l'ouverture des hostilités seront rendues à leur destination primitive.

Les deux parties contractantes s'engagent à donner à leurs autorités provinciales des ordres afin de faire respecter les cimetières et particulièrement les tombeaux des soldats morts au champ d'honneur. Les autorités n'empêcheront pas les parents et amis d'enlever les ossements des victimes tombées en terre étrangère.

Voies ferrées.

La Bulgarie est subrogée aux droits, charges et obligations du gouvernement impérial ottoman à l'égard de la Compagnie des chemins de fer orientaux pour la partie de la ligne à elle concédée et située sur les territoires cédés. Le gouvernement bulgare s'engage à rendre sans retard le matériel roulant et les autres objets appartenant à ladite Compagnie et saisis par lui.

Le traité de Londres.

Les dispositions du traité de Londres sont maintenues en ce qui concerne le gouvernement impérial ottoman et le royaume de Bulgarie, pour autant qu'elles ne sont pas abrogées ou modifiées par les stipulations qui précèdent.

Ratifications

Le présent traité entrera en vigueur immédiatement après sa signature. Les ratifications en seront échangées dans la quinzaine à dater de ce jour. En foi de quoi les plénipotentiaires l'ont signé.

ANNEXES.

Les annexes du traité comprennent :
1° Un procès-verbal signé le 9/22 septembre et ainsi conçu :
Ayant en vue les difficultés que les autorités royales bulgares, lors de leur installation dans les territoires de la Thrace occidentale revenant à la Bulgarie, pour-

ront rencontrer du fait de l'effervescence qui s'est manifestée parmi la population de ces régions, et désirant faciliter dans l'intérêt même de ces habitants aussi bien que dans celui des deux États, la tâche du gouvernement de Bulgarie en ce qui concerne la prompte pacification de ces contrées et prévenir ainsi une nouvelle effusion de sang, le gouvernement impérial ottoman, sur la demande du gouvernement bulgare, se déclare prêt à faire comprendre à ces populations les nécessités résultant du nouvel état de choses et à leur prodiguer ses bons conseils afin qu'elles se soumettent à l'autorité du gouvernement royal de Bulgarie.

En foi de quoi le présent procès-verbal a été dressé en double exemplaire.

2° Un protocole de même date concernant la restitution des biens saisis depuis l'ouverture des hostilités.

3° Un protocole en date du 11/24 septembre ainsi conçu :

Le tracé de la frontière coupant le fleuve Maritza et le chemin de fer Mustapha-Pacha-Andrinople-Dédé Agatch, desservant les territoires ottomans et bulgares, il a été convenu entre les deux parties contractantes que, pour préserver leurs relations commerciales et autres des moindres entraves, les règlements et les usages qui régissent actuellement les mouvements commerciaux, tant sur le fleuve Maritza que sur ladite ligne ferrée, ainsi que tous les droits, taxes, etc., actuellement en vigueur, seront maintenus dans leur plénitude et que toutes les facilités compatibles avec les dits règlements et usages seront accordées.

Aucune modification ne pourra être apportée sans accord préalable entre les deux États contractants, à l'administration desdits chemin de fer et fleuve.

Les dispositions ci-dessus ne s'appliqueront pour le chemin de fer que jusqu'au jour où les deux parties contractantes auront construit simultanément : la Bulgarie, une ligne de raccordement entre la mer Égée et son territoire et, la Turquie, une ligne aboutissant à ladite mer. Il va sans dire qu'en temps de paix la Bulgarie sera libre, jusqu'à l'achèvement de ladite ligne ferrée qui devra avoir lieu au plus tard dans les dix ans, de faire transporter sur ledit chemin de fer, ainsi que sur le fleuve, des recrues, des troupes, des munitions, des armes, des vivres, etc. L'État ottoman aura toujours le droit de prendre les mesures de surveillance nécessaires.

4° Un protocole relatif aux traités de commerce :

En vue de favoriser les relations économiques entre les deux pays, les hautes parties contractantes s'engagent à remettre en vigueur, aussitôt après la signature du présent traité et pour un délai d'un an à dater de ce jour, la convention relative au commerce et à la navigation conclue le 6/19 février 1911 et à accorder à leurs produits industriels, agricoles et autres, toutes les facilités douanières compatibles avec leurs engagements existants à l'égard des tierces puissances.

5° Un protocole en date du 11/24 septembre complétant le précédent :

Les hautes parties contractantes s'engagent en outre à procéder dans le plus bref délai possible à la nomination de commissions mixtes chargées de négocier un traité de commerce et des conventions consulaires.

6° Enfin des protocoles spéciaux concernant les mariages mixtes et conversions forcées.

Arbitrage.

Les difficultés qui pourraient s'élever concernant l'exécution du traité seront soumises à l'arbitrage de la cour de la Haye, le roi de Suède, de Norvège ou de Danemark agissant comme surarbitre.

On disait à Belgrade que des négociations secrètes avaient eu lieu entre Turquie et Bulgarie et que la première avait proposé à la seconde un accord ainsi compris : la Turquie mettrait sur pied des forces suffisantes pour reconquérir la Macédoine et l'Albanie. De plus, la Thrace tout entière serait cédée à la Bulgarie ainsi que Cavalla, le tout à condition que la Bulgarie renonce à ses prétentions sur la Macédoine. On disait aussi que le général Savof aurait accepté cette proposition, mais que le gouvernement de Sofia la refuserait. Ce ne sont là sans doute que des rumeurs sans grande valeur, mais le fait d'y avoir pensé constitue déjà une indication sur l'opinion générale des milieux serbes. Il est regrettable que la monarchie serbe n'incline pas vers une autre solution que celle vers laquelle elle semble s'orienter, car les intérêts de Belgrade et de Sofia ne sont pas si opposés qu'on le répète à Berlin, et des concessions réciproques devraient unir deux nations qui ne pourront qu'y gagner au lieu de favoriser, comme elles le font actuellement, les desseins de leurs véritables ennemis.

Je n'ajouterai rien à l'exposé que j'ai voulu présenter intégralement du traité de Constantinople ; il me semble malheureux cependant que les Bulgares, cédant Kirk-Kilissé et une assez large région au nord d'Andrinople, n'aient pas obtenu de plus grands avantages sur la Maritza et son delta.

Le régime des biens et la question des voies ferrées réglés à l'avantage de la Turquie auraient pu être compensés pour les Bulgares par une indemnité payée pour l'entretien des prisonniers ; mais les annexes du traité montrent un si grand désir de conciliation de part et d'autre, que l'on ne peut reprocher maintenant aux plénipotentiaires leurs concessions, surtout celles que les Bulgares ont dû se résigner à faire afin de ne pas créer de complications nouvelles, dangereuses pour la paix européenne. Enregistrons donc seulement cet instrument diplomatique, en remarquant l'intelligence, la bonne volonté et les excellentes intentions du marquis Garroni, ambassadeur d'Italie, dont l'action favorable à une modération générale et à une juste convention, a secondé les heureux désirs de la majorité des délégués turcs et bulgares et, en gênant peut-être la politique austro-allemande, a servi avec une admirable perspicacité les véritables intérêts de l'Italie.

CHAPITRE VI

J'aurais voulu que le chapitre IV, ce « chapitre
d'horreur », ainsi que me le disait le collaborateur
qui a bien voulu m'aider à classer les innombrables
documents que j'ai reçus de partout, fût définitivement clos et qu'il soit inutile de parler encore de
massacres et de carnages ! Mais de tels événements
se sont déroulés dans la Thrace orientale, de telles
exagérations, pour ne pas dire inventions, ont été
publiées sur les méfaits turcs et bulgares, qu'il
m'est interdit de faire silence sur ce point comme
j'en avais tout d'abord l'intention. J'ai déjà longuement décrit dans le chapitre III et dans le chapitre Ier l'état d'âme des populations balkaniques et
principalement de celles dont il sera question ici ;
aussi prierai-je souvent le lecteur de se reporter
aux pages précédentes, afin de saisir clairement,
comme j'espère l'avoir fait moi-même, les causes
véritables de la situation actuelle. Ainsi que nous
l'avons vu plus haut, l'armée ottomane réoccupa
en fort peu de temps presque toute la Thrace, prenant comme premier prétexte à sa marche vers le
nord, la protection des sujets musulmans maltraités par les Bulgares.

Mais cette vague accusation ne suffisait pas
à justifier une aussi grave opération militaire, et

surtout était trop bénigne pour forcer l'attention européenne et s'attirer la sympathie du monde civilisé. Et, les Bulgares ayant commis indéniablement des fautes nombreuses, les autorités ottomanes, non contentes de les relever simplement, les « cherchèrent » avec ardeur, et après d'admirables travaux, inondèrent la presse de tous les pays du globe de rapports effroyables et de communiqués sensationnels.

Comme partout, il y eut dans ces récits « du vrai et du faux » ; essayons de les distinguer et pour cela voyons d'abord les principales accusations que possède à son actif le plaidoyer turc. Au milieu des multiples informations venues d'Orient, une ou plutôt une série, attira tous les regards et fit pousser à tous des cris d'horreur, ce furent les articles parus dans *l'Echo de Paris* du 21 août 1913.

Ils émanaient, disait-on : « D'un fonctionnaire russe », avaient été, paraît-il, envoyés à Saint-Pétersbourg et comprenaient plusieurs parties :

1° Un récit *ex abrupto* des malheurs d'Andrinople en général ;

2° Une note relatant l'intervention des consuls ;

3° Une description du retour des Turcs à Andrinople ;

4° Une accusation directe contre le général Veltchef.

Dans la première partie du rapport en question, j'enregistre la déclaration suivante :

J'ai eu l'occasion de visiter Andrinople et ses environs en compagnie d'une dizaine de correspondants étrangers représentant les plus grands journaux et agences télégraphiques.

Parmi ces journalistes je citerai MM. Ludovic Naudeau, du *Journal*, Hugues Le Roux, du *Matin*, G. Babin, de *l'Illustration*. Je m'étonne que ces personnalités n'aient pas relaté dans leurs feuilles respectives les atrocités dont parle le « fonctionnaire russe », auteur des notes du 21 août.

Je remarque plus loin ces mots :

Un riche israélite autrichien, Rodrigues, partant pour Constantinople, confia sa maison à trois officiers bulgares; en revenant, il a trouvé sa maison vide, tout a disparu, envoyé à Sofia, même le piano. On a dévalisé de même les maisons des riches israélites Moïse Dehmoiras et Henaraya.

Je ne comprends pas comment cet Autrichien, devant sa maison vide, ne se soit pas plaint à son consul qui aurait fait des observations aux autorités bulgares, lesquelles auraient certainement agi en conséquence pour lui donner satisfaction.

En outre, je ne crois pas qu'il y ait rien d'étonnant à ce que, lors de l'irruption dans une ville assiégée depuis plusieurs mois, de troupes énervées, il se produise des vols, brutalités ou autres méfaits de ce genre.

Plus loin :

Encore plus révoltant est le récit de dix soldats turcs qui se trouvent actuellement à l'hôpital du Croissant rouge égyptien.

En évacuant Andrinople, les Bulgares envoyèrent à Mustapha-Pacha sous escorte 200 prisonniers turcs.

Tous les malades et blessés qui n'avaient pas la force de marcher furent tués en route.

La colonne fut ensuite partagée en trois groupes; le groupe où se trouvaient les dix personnes précitées était composé de quarante prisonniers. A un moment donné, les Bulgares leur déclarent qu'ils sont libres, qu'ils peuvent aller où ils veulent; les malheureux n'ont pas le temps de faire une dizaine de pas que les Bulgares, sur l'ordre de leurs officiers, ouvrent le feu.

Tous sont tués excepté ces dix soldats qui, *grièvement blessés*, simulent la mort. Pendant quatre journées entières, ils restent *sans nourriture*, cachés dans la forêt. Parmi eux se trouvent Camber Ouglou Camber, Hassan Ouglou Hay, Emin Ouglou Emin, des 1er et 2e bataillons des redifs de Kirk-Kilissé (suivent les autres noms). Presque tous ont la gangrène, deux d'entre eux sont déjà morts...

Je ne parlerai pas de la première affirmation ci-dessus énoncée quant aux malades et aux blessés achevés en route. Je doute que ce fait soit entièrement exact, mais il est malheureusement « possible »; je n'en dirai pas de même de cette émouvante histoire des dix soldats turcs, dont l'endurance, la robustesse et la résistance furent si grandes qu'ils parvinrent, *grièvement blessés*, à vivre *quatre journées entières sans nourriture*, ayant par dessus tout la gangrène, mal affreux qui ne pardonne guère! Ces hommes auraient constitué de ce fait des « cas » merveilleux, et je suis persuadé que les chirurgiens de la Croix-Rouge les auraient étudiés avec intérêt et nous auraient fait part de leurs opinions.

Au sujet des souffrances endurées par les

femmes d'Andrinople, souffrances sur lesquelles l'auteur de ce rapport s'étend complaisamment, je ne puis que répéter ce que je disais au chapitre IV, en déplorant un mal si puissant et en faisant remarquer au lecteur que les Turcs n'ont rien à reprocher sur ce point à n'importe quel autre peuple de l'univers (1).

Voyons maintenant ce que dit « le fonctionnaire russe » au sujet du retour des Turcs et du général Veltchef :

Le retour des Turcs.

Tout ce qui précède explique bien pourquoi les troupes turques, entrant à Andrinople, ont été reçues par toute la population à bras ouverts. On se rappelle que, pendant le siège, le commandant d'Andrinople, Chukri Pacha, et le commandant de forteresse Ismaïl Pacha, ont montré une sollicitude paternelle pour tout le monde, sans distinction. Les Turcs ont pleinement justifié cette réception enthousiaste par une modération extraordinaire. Depuis leur arrivée, l'ordre le plus parfait règne dans la ville; il n'y a aucun cas

---

1. *Le Temps* du 10 septembre a publié les déclarations faites par le général Mustatza, chef de la 2ᵉ division de cavalerie roumaine qui a occupé Orhanié et Plewna, à un diplomate ottoman : le génézal Mustatza aurait constaté que les Bulgares faisaient subir à leurs prisonniers turcs de durs traitements, et lorsque ceux-ci réclamaient quoi que ce soit, les assommaient à coups de gourdins.

Ces déclarations sont sujettes à caution, ayant été faites à un *diplomate ottoman* et, en outre, le général Mustatza n'en ayant jamais fait part officiellement ni à son gouvernement ni à aucun représentant de la presse. MM. de Pennenrun et Kann, qui ont été en Roumanie et ont fréquenté officiers et soldats roumains, ne racontent rien de semblable !

d'agression. Dans un village des environs, il y a eu quelques excès commis par la cavalerie irrégulière kurde, mais tous les coupables arrêtés ont passé en conseil de guerre et ont été fusillés.

A Mustapha-Pacha, des soldats ayant voulu incendier une maison, ont été tués sur place par un officier. Les autorités turques, contrairement à l'exemple bulgare, montrent par des faits qu'ils ne tolèrent aucun désordre ; vu ce qui précède, on ne serait pas étonné de voir la population turque, grecque et israélite, se préparer à partir si elle entendait dire que l'Europe insiste sur la rétrocession d'Andrinople aux Bulgares.

Le métropolite grec, ainsi que le mufti, s'adressent par mon entremise à l'opinion publique russe pour qu'en cas de retour des Bulgares, on accorde aux habitants de Thrace un mois de délai pour que la population puisse s'expatrier tranquillement.

Voici, sans phrases, le résultat terrifiant de mon enquête minutieuse de huit jours.

Dans une annexe au rapport que nous venons de publier, est donné le récit de deux soldats turcs, *seuls survivants de massacres de prisonniers exécutés par les Bulgares et qui ont coûté la vie à plusieurs milliers de soldats turcs.*

Oh ! qu'il est attendrissant ce souvenir de la sollicitude toute paternelle de Chukri-Pacha, alors surtout que, par extraordinaire sans doute, toute l'Europe s'est émue il y a quelques mois de son attitude intransigeante et dure vis-à-vis de ceux que les Bulgares offraient de laisser sortir pendant le siège, et de ceux que, le *premier*, il a isolés dans l'îlot de la Toundja !

A côté de ce témoignage un peu fantaisiste, je veux citer celui de M. Gustave Cirilli qui lui aussi est turcophile avec ardeur :

Les Bulgares tiennent leur proie, mais ils lui feront payer cher sa folle résistance. Pendant trois jours consécutifs la ville est mise à sac. Les maisons turques particulièrement sont livrées au pillage d'une soldatesque brutale qui ne respire que haine et vengeance...

Des proxénètes, juifs, arméniens, grecs surtout, des mégères de quartiers conduisent ces orgies furieusement et font leur part de profit...

Devant toutes ces horreurs, les *souvenirs de la guerre de 1870* me reviennent douloureusement à l'esprit. Ce n'est pas la même bouche qui prononce le *væ victis*, mais c'est la même main impitoyable, le même poing de fer, les mêmes brutalités qui s'abattent sur le vaincu...

Certes, je crois qu'il y eut des brutalités et des crimes peut-être de commis à Andrinople, car, dans ce que dit M. Cirilli, je suis sûr qu'il est une pensée sincère bien que toujours orientée vers le but de défendre la Turquie : cependant il est un mot que je ne puis laisser passer sans le relever à notre point de vue de Français ! Que M. Cirilli se souvienne que l'on ne doit pas comparer l'Empire ottoman de 1912 à la France de 1870, car si l'un a derrière lui cinq siècles de cruautés et d'oppression sur des peuples qu'il a exaspérés et qui se vengent, l'autre n'avait qu'un passé de gloire, de noblesse et d'honneur !

Voici ce que dit encore le « fonctionnaire russe » déjà cité :

Le général Veltchef.

Ici, il serait à propos de dire que, d'après les déclarations unanimes des consuls, du métropolite, du mufti et de tous ceux qui ont eu l'occasion de parler avec lui, le général Veltchef s'est montré toujours excessivement cruel et brutalement arrogant. Il disait ouvertement et, paraît-il, d'accord avec les vues sérieuses de son gouvernement, que la Bulgarie n'a besoin ni des Grecs, ni des Musulmans, et qu'ils profiteraient de la première occasion pour anéantir toute la population grecque et musulmane. Il exprimait l'intention de les remplacer par 28.000 Arméniens de Rodosto et de Malgara.

Le traitement atroce que subirent aux premiers jours de l'occupation bulgare les prisonniers de la population mâle turque, prouve que ce n'était pas une menace vaine. Les canons du fort de Keyi sont restés jusqu'à présent braqués sur la ville.

Pour mieux dépeindre ce général bulgare qui, paraît-il, malheureusement, est élève de notre Académie militaire, je mentionnerai ici un procédé caractéristique où le métropolite grec d'Andrinople a joué un rôle :

Le 25 juin, Sa Grandeur Polycarpe alla au gouvernement pour demander qu'on laissât entrer chez lui pour la nuit, l'évêque de Cavala, Anathase, amené ici sous escorte avec vingt notables de cette ville, et tenus toute la journée debout dans la cour du gouvernement, au milieu de prisonniers de toute espèce.

Veltchef déclare brutalement à Mgr Polycarpe qu'il ferait pendre et fusiller tous les notables grecs d'Andrinople, en commençant par leur métropolite, puisqu'ils ne restaient pas tranquilles et se montraient hostiles aux Bulgares. Celui-ci ayant essayé de se jus-

tifier, Veltchef lui cria sauvagement en turc :
« Souss » (tais-toi).

Pendant une heure que durèrent les réprimandes
sauvages du général, le prélat orthodoxe resta debout
et Veltchef, tout le temps, le tutoyait, ne cessant pas
de le menacer de mort, ainsi que tous les Grecs.

Ayant perdu toute patience, le métropolite se révolta
et cria, en le tutoyant : « Eh bien ! Keff ! (en turc :
massacre !) — N'aie pas peur, je massacrerai, répondit le brave général, mais naturellement je ne
demanderai pas ta permission. »

Pour comprendre la mentalité de ce général, il faut
remarquer que tous les Bulgares, depuis le commandant en chef jusqu'au dernier soldat, ne cessent de
répéter sur tous les tons : « Andrinople a été prise
par nos armes, au prix du sang et de la vie de milliers de Bulgares ; par conséquent, la place et les vies
mêmes des habitants nous appartiennent, nous avons
le droit de faire tout ce que nous voulons. » Cet état
d'esprit menaçant des Bulgares a mis dans l'angoisse
la population et fort inquiété les consuls. Ceux-ci télégraphièrent à Sofia, où les légations firent des représentations énergiques.

A ce réquisitoire j'opposerai simplement ce frag-
ment que j'extrais du *Journal d'un assiégé à
Andrinople*, de M. Gustave Cirilli :

La seconde figure qui attira mon attention, j'ajouterai toute ma sympathie, est celle du général Veltchef. C'est un homme qui a dépassé la cinquantaine,
et dont la vie entière a été consacrée au métier des
armes. Il voyagea en France et voulut entrer à notre
École de guerre, à une époque où les officiers étrangers n'y avaient pas accès. Il s'en fut donc avec les gé-

néraux Savof et Ivanof compléter son instruction militaire en Russie. Tous trois y apprirent les secrets
d'un art qui les a conduits aujourd'hui sur le chemin
de la victoire.

Le général Veltchef commandait autour d'Andrinople le secteur de l'est, celui qui bombarda la ville
dès le début et qui fit la première brèche aux mailles
inextricables des fils barbelés.

C'est lui qui commande aujourd'hui la place et il le
fait avec une aménité telle que la main de fer *paraît
une main de velours.* Le général est à la tête d'une
charmante famille qui a reçu une éducation toute
européenne, et à le voir entouré de ses enfants, à côté
d'une femme à l'esprit cultivé, on ne peut s'empêcher
de rendre hommage à ce soldat possesseur d'une
grande fortune, qui a préféré à l'aisance et au bien-
être de sa position sociale, les hasards de la vie de
camp. Il est vrai que c'est à ce prix qu'on avance les
limites de son pays.

Je suppose que ceci répond suffisamment au
violent accusateur au sujet duquel j'ajouterai
d'ailleurs ceci : « *Ce fonctionnaire russe d'Andrinople n'a jamais existé.* » Il y eut, dit-on, un certain M. Tchernoff, soi-disant photographe, qui
publia dans *le Journal* du 27 août un récit affreux
des atrocités commises à Andrinople; nous verrons plus loin ce que dit à son égard la Légation
de Bulgarie à Paris. Mais, je le répète, l'auteur
des articles reproduits dans *l'Echo de Paris* du
23 août ne doit exister que dans l'imagination
féconde de certains individus qui arrivent à tromper la presse et le public; ou bien alors c'est
M. Tchernoff qui n'est nullement fonctionnaire de

l'Empire des Tsars, au grand détriment de celui-ci, sans doute... car ce doit être un homme de talent... dirai-je de génie !...

Avant de quitter l'ouvrage de M. Cirilli, je veux encore faire à son sujet une simple remarque. Il assure que les Bulgares forcèrent une foule de magasins d'Andrinople à remplacer les inscriptions françaises de leurs enseignes par des caractères cyrilliques et que les vainqueurs obligèrent de même les grands quotidiens français à disparaître, sauf un ou deux favorable à leur cause. Je crains un peu que M. Cirilli n'exagère les faits, mais lui, que je crois sincère, ne peut les inventer, et je suppose qu'il s'agit d'un malentendu ou de mauvaises interprétations d'ordres supérieurs de Sofia. En tous cas, l'incident est regrettable et je suis sûr que dans toutes les villes conquises, les Bulgares agiront comme ils le font vis-à-vis de nos écoles et de nos monastères, ainsi d'ailleurs que nous le verrons plus loin (1). Pendant tout le mois d'août, alors que Sofia demandait à l'Europe son intervention, et qu'une délégation des habitants turcs d'Andrinople parcourait les capitales pour supplier les puissances de laisser la ville des mosquées à la Turquie, la presse entière publia des protestations et des pétitions signées des populations de divers points de la Thrace, pétitions plus ou moins sincères, rédigées dans le même but. Il m'est impossible de les reproduire ici, mais je tiens à en donner des types, désirant garder tou-

1. Voir au chapitre VIII.

jours la situation impartiale que je me suis efforcé
de conserver dès le début de cet ouvrage.

En voici donc une, parue dans *l'Autorité* du
23 août :

Les habitants du caza de Kandéré ont adressé au
grand vizirat la dépêche suivante :

« Nous avons appris avec un vif regret qu'une démarche a eu lieu pour la cession d'Andrinople dont
chaque point est rougi du sang patriote. La démarche
pour la cession de cette ville musulmane qui est fière
d'être la deuxième capitale de l'empire ottoman, en
foulant aux pieds les droits ottomans, nous a causé
une grande émotion et une grande tristesse. La population de ce caza a exécuté jusqu'ici tous les ordres du
gouvernement avec des sacrifices en biens et en hommes. Elle est fière de continuer encore la série de ses
sacrifices. Nous attendons au bureau télégraphique
les ordres du gouvernement et prions votre honorable
cabinet de prendre aussitôt toutes les mesures nécessaires pour le maintien d'Andrinople sous la domination ottomane. »

Je ne m'attarderai pas sur ce qu'ont pu dire ou
écrire pour la défense d'Andrinople ottomane, tous
les petits auteurs qui voulaient s'attirer la reconnaissance turque, et je passe immédiatement au
champion de l'Empire ottoman, à notre grand
écrivain M. Pierre Loti.

Il publiait dans *l'Illustration* du 30 août les
lignes suivantes, dont je ne puis citer, à mon
grand regret, que des fragments :

De ces villages fantômes, je détaillerai un quelconque : Haousa, par exemple, où je me suis arrêté une

demi-heure. Mais il y en a des centaines et des milliers d'autres où l'horreur est pareille.

Donc Haousa, prenons celui-ci au hasard. Plus que des pans de murs, des ruines, des débris. Voici la mosquée ; de loin, elle semblait moins détruite que tant d'autres, sans doute faute de temps pour la saccager : en dedans quelques blessés, quelques malades aux figures terreuses gisent sur des loques. On a brisé à coups de massue les fines sculptures en marbre blanc des fenêtres et du Mihrab, et ce sont les prisonniers, les blessés turcs qui ont été condamnés à faire eux-mêmes la besogne sacrilège, tandis que les Bulgares les harcelaient à coups de baïonnettes. Il faut monter au minaret pour voir le plus immonde : les Bulgares y venaient tous les jours pour faire de làhaut leurs ordures sur la coupole qui en est ignoblement souillée. Autour, c'est le cimetière, on a brisé toutes les stèles, on a mis à découvert des morts et on s'est amusé à faire des ordures sur leurs ossements disloqués. Voici le puits du village ; il en sort une sinistre odeur ; on y a jeté le corps des femmes et des enfants violés par les soldats, et, par dessus, pour les faire plonger, on a entassé les stèles arrachées aux tombes.

. . . .

Un vieillard courbé m'a dit : « Moi, j'avais une petite fille de dix ans qui était ma joie. Quatre soldats bulgares sont entrés pour la violer ; ils m'ont aux trois quarts tué à coups de poing parce que j'ai voulu la défendre. Quand j'ai repris connaissance, elle n'y était plus. » Où était-elle sa petite fille ? Dans le puits, sans doute, à pourrir avec les autres sous les marbres brisés !...

. . . .

Si je n'avais recueilli que des témoignages turcs, je risquerais d'être taxé d'exagération. Mais les plus accablants, ce sont les Grecs et les Juifs qui me les ont fournis...

... C'est pendant un iftar, dîner de ramazan, offert par le vali, dans son palais dévasté, que j'ai pu juger surtout de l'entente fraternelle entre les musulmans et les autres communautés religieuses d'Andrinople...

Si je n'avais été impartial, et que j'eus voulu m'attacher à démontrer la cruauté musulmane et l'humanité des alliés, tous mes plans, toutes mes sympathies, auraient immédiatement changé à la lecture de ces lignes !

Comment, en effet, ne pas se sentir ému d'une telle description, comment ne pas frémir avec Pierre Loti devant ces villages fantômes où l'on est étonné de ne pas voir les spectres des martyrs ottomans sortir de leur tombeau pour acclamer notre grand écrivain ! J'entends, malgré l'éloignement du lieu et du temps, les coups barbares des vainqueurs s'acharnant sur les admirables sculptures des mosquées, comme le firent sur nos églises les pauvres Turcs pendant quelques centaines d'années.

Et l'ignoble vision... ces soldats bulgares poussant la haine et la sauvagerie jusqu'à risquer leur vie pour souiller la coupole du sanctuaire de Mahomet ! Il y a pis encore !... Voici le puits du village. Qu'allons-nous y voir ? De l'eau ? Non pas, mais une superposition d'horreurs ! D'abord des stèles de marbre brisées par le vandale et enterrées dans cette fosse ; puis, à travers ces blocs devenus translucides, des corps de femmes et d'enfants !

Regardons avec plus de fixité malgré notre dégoût. Ces corps sont profanés, déshonorés... et nous relevons la tête indignés, tandis que les stèles de marbre après notre passage reprennent l'habituelle opacité qu'elles avaient voulu abandonner pour nous aider à constater les crimes commis contre la Turquie agonisante. Et quel orgueil pour des Français de voir les derniers survivants des massacres bulgares accourir, au nom de Pierre Loti, saluer le généreux défenseur des Ottomans opprimés.

Mais voici qu'un infortuné vieillard vient nous dire son désespoir. Sa petite fille aux mains de *quatre* soldats ennemis qui vont la déshonorer en même temps sans doute ! Elle doit être dans le puits ! Hélas ! le miracle du marbre musulman ne se renouvelle plus, impossible donc de chercher la malheureuse enfant !

Ah ! que c'est mal à M. Pierre Loti d'avoir cru un instant que l'on douterait de son impartialité (1) ! Mais il a voulu écarter d'avance toute accusation d'exagération, et non content des témoignages fournis par les Turcs ennemis des Bulgares,

1. Au sujet de la photographie publiée par M. Pierre Loti et représentant « le repêchage des prisonniers de guerre turcs jetés par les Bulgares dans le puits d'Andrinople », le *Mir* de Sofia fait remarquer que leurs uniformes impeccablement boutonnés, nullement déchirés, sans la moindre trace de boue sur eux, fait penser que nous sommes en présence de soldats couchés pour faire les « noyés ». L'un d'eux a même oublié d'enlever son fez. Les musulmans n'ôtent généralement pas leur fez, mais tout de même, quand on a passé un mois dans les eaux d'un puits, on n'en revient pas le fez sur la tête. »

il a tenu à demander leur avis aux frères de ces derniers, à leurs... amis séculaires, les Grecs. Suivons notre illustre académicien à l'iftar dîner du ramazan offert par le vali d'Andrinople. Là, l'entente règne, fraternelle, simple, franche et loyale entre les musulmans et les communautés religieuses juives ou helléniques; comme il est regrettable que nos monastères ou couvents catholiques et français n'y aient pas été représentés (1) !... Puis, c'est l'heure de la prière du soir et si nous voulons suivre encore le sauveur de la Turquie, il faut nous rendre à la Mosquée de Sélim où « déjà des milliers d'hommes se prosternaient. Et ce soir-là, des hodjas chantèrent comme en délire. Leurs belles voix claires semblaient planer sur le haut de la coupole sonore, tandis que les innombrables voix assourdies et graves des fidèles agenouillés accompagnaient comme un grondement souterrain »...

Lecteur, après ceci, n'avez-vous pas envie de devenir musulman ?

Voici maintenant la protestation officielle de la Légation de Bulgarie à Paris :

LA VÉRITÉ SUR LES ATROCITÉS

Le *Journal* du 27 août publie un récit sensationnel intitulé : « Un témoin des atrocités bulgares. »

Il est impossible à la Légation de Bulgarie de lais-

---

1. Voir plus loin quelques opinions de RR. Pères catholiques français.

er passer sans protestation des imputations aussi candaleuses.

Ce récit touche, d'une part, la prise d'Andrinople, et, d'autre part, la dernière guerre contre les Serbes.

En ce qui concerne la prise d'Andrinople, il est depuis longtemps de notoriété publique que les trois correspondants de guerre arrivés les premiers, lors de la chute de la place, étaient M. Ludovic Naudeau, du *Journal,* M. Luigi Barzini, du *Corriere della Serra,* et M. Péricard, de l'Agence Havas.

Peu de jours après sont arrivés aussi MM. Gustave Babin et Georges Scott, tous deux de *l'Illustration.*

Ces messieurs ont à loisir visité les champs de bataille et pris de nombreuses photographies, et ils n'ont constaté aucune atrocité ni mutilation. Il est vrai qu'à ce moment plusieurs de ces messieurs ont fait un récit pathétique de la situation des prisonniers turcs dans l'île de Toundja. Il est reconnu par les autorités bulgares depuis longtemps qu'un certain nombre de prisonniers ont pendant quelque temps souffert de la faim par force majeure, mais au même moment la disette était grande aussi dans l'armée bulgare. On a ravitaillé les prisonniers aussitôt qu'on a pu le faire, comme l'ont constaté les religieux français dont les couvents sont dans Andrinople.

La personnalité et l'identité des correspondants de guerre étrangers présents à la prise d'Andrinople est parfaitement connue et établie; on n'a jamais entendu parler jusqu'à présent d'un certain M. Tchernoff, qui est l'auteur de l'article publié par *le Journal* et qui se dit photographe.

En Russie, comme partout, les véritables correspondants de guerre ont une autorité et une notoriété qui rend les noms bien connus.

Le même auteur raconte des atrocités qu'il aurait

constatées dans la nouvelle guerre contre les Serbes.

Dans chacune des armées qui viennent de se combattre en Macédoine, un certain nombre d'exaltés et d'énergumènes ont pu commettre des atrocités. C'est ainsi que plus de trois cent mille réfugiés macédoniens ont fui en Bulgarie pour échapper aux persécutions et aux violences de l'ennemi.

La légation de Bulgarie proteste hautement et en toute connaissance de cause contre l'accusation de cruauté que l'on porte contre l'armée bulgare. C'est là une campagne organisée depuis le mois de juin contre la Bulgarie pour la déconsidérer.

Il est à espérer que l'opinion publique fera justice du roman feuilleton composé par M. Tchernoff.

Il est exact, en effet, que MM. Ludovic Naudeau, Luigi Barzini et Péricard n'ont pas raconté, comme bien d'autres, les atrocités bulgares qu'ils auraient pu constater à leur arrivée à Andrinople. On doit donc en déduire qu'ils n'en ont pas vu beaucoup, et que s'ils ont été les témoins de quelques fautes, elles ne leur ont pas semblé suffisamment probantes et importantes pour être criées à travers l'Europe. Au sujet des articles signés par M. Pierre Loti et parus dans *l'Illustration*, M. Dimitri Stanciof, ministre de Bulgarie à Paris, a tenu à écrire au directeur de cette revue la lettre suivante :

Monsieur le Directeur,

Je ne prétends ni discuter les préférences de Pierre Loti, ni méconnaître en lui « le grand écrivain ». Avec beaucoup de bons esprits, laissez-moi estimer cependant que lorsqu'il veut écrire « l'histoire », il est une limite pour le romancier même illustre.

Les récits que Pierre Loti vient de consacrer à la dernière guerre et à Andrinople sont d'une couleur admirable! Qu'il me permette d'y ajouter plus modestement celle de la réalité.

Je reçois de mon gouvernement l'affirmation que les prisonniers dont il pleure la triste destinée et les souffrances sont en excellent état.

Quatre jours avant l'invasion turque, le général Veltchef leur offrait de rester à Andrinople ou d'être envoyés à l'intérieur du pays. Sur leur propre désir, on les dirigea sur des centres différents, en quatre groupes. Le ministère de la guerre de Bulgarie est en mesure de donner des renseignements sur le sort de chacun d'eux. Tels sont les faits, dégagés de toute littérature, et il en est ainsi heureusement pour beaucoup d'autres. Leur simplicité pourtant n'est pas dépourvue d'éloquence, et à l'heure où mon pays se heurte à tant de haines, de parti-pris, je vous serais très reconnaissant, etc...

STANCIOF.

Mais si nous avons lu plus haut le récit de « témoins » impartiaux (du moins ils le disent et le croient) qui n'ont vu que les beaux côtés de l'administration ottomane, examinons maintenant d'autres récits écrits par des hommes dont l'honnêteté, l'impartialité et la compétence sont reconnues, et qui ont vu un peu différemment les événements.

A ANDRINOPLE

*I. — Le retour des Turcs. — Récit d'un témoin.
La panique.*

L'annonce de la prochaine arrivée des Turcs était
loin de rassurer la population chrétienne d'Andrinople. Grecs et Arméniens redoutaient extrêmement
ces trop empressés libérateurs, aussi lorsque le
20 juillet les autorités bulgares se retirèrent, les maisons étrangères furent envahies. Une bonne partie
de Cara-Agatch et des villages voisins était accourue
au collège des Assomptionnistes et au pensionnat des
Oblates de l'Assomption. L'église paroissiale de la
ville était devenue un vaste dortoir arménien. Le collège des Pères Résurrectionnistes polonais sous la
protection de la France, le pensionnat autrichien des
Sœurs d'Agram, l'école française et l'hôpital français,
deux établissements tenus par les Oblates de l'Assomption, donnaient asile à des centaines de familles.

On entendit de plusieurs côtés des personnes appartenant à des familles grecques exprimer leurs appré-
hensions : « Nous avons fait *yama* (pillage) dans les
maisons des Turcs, c'est pourquoi nous avons peur. »
Les journées du dimanche et du lundi se passèrent
dans les plus vives alarmes. Quelques soldats à peine
gardaient la ville. Le dimanche matin, un coup de
fusil tiré d'une fenêtre turque abat un Bulgare qui
marchait dans la ville. Immédiatemeut les comitadjis
(irréguliers) se précipitent dans toutes les maisons
du quartier pour perquisitionner. Ils tirent des coups
de fusil dans l'intérieur des maisons mais ne trouvent
rien. Les Turcs sont atterrés et les chrétiens craignent
les représailles. Toutes les maisons et toutes les boutiques sont fermées et barricadées. La nuit, les comi-

tadjis, les Grecs de la ville se chargent eux-mêmes de surveiller les rues. On ne signale aucun désordre. La peur a paralysé tout le monde.

II. — *L'arrivée des Turcs.*

Le mardi 22 juillet, vers 8 heures du matin, le drapeau bulgare de la tour de l'horloge est déchiré et remplacé par le drapeau turc. Quelques cavaliers traversent les rues, engageant les habitants à ne rien craindre. En un instant tous les Turcs et toutes les femmes turques, dévoilées pour la circonstance, sont dehors. Ce sont eux qui acclament les soldats à leur entrée en ville. Les chrétiens, finissant beaucoup par se convaincre que les Turcs n'ont pas le dessein de les exterminer de suite, commencent peu à peu à sortir et, pour se concilier la bienveillance de ceux dont ils ont tout à craindre, ils applaudissent aussi les escadrons qui viennent prendre possession des monuments publics. Les derniers drapeaux bulgares, les enseignes bulgares disparaissent, et chaque maison, chaque boutique arbore les couleurs turques. On voit encore de-ci, de-là, les nombreuses croix tracées à la hâte sur les maisons lors de l'entrée des Bulgares. Les scènes les plus délicieusement comiques sont ces échanges de coiffures qui se font avant de se montrer sur la rue. Voici un Grec qui sort de l'hôpital français, un fez neuf sur la tête et son chapeau de paille à la main. Les chapeliers et les marchands de casquettes peuvent fermer. Tout le monde porte la coiffure turque.

III. — *L'ordre est maintenu dans la ville.*

Les pillages et les massacres sur lesquels les Turcs comptaient furent empêchés à temps. Quelques heures à peine après l'arrivée des premiers cavaliers, des crieurs publics annonçaient que le vol, le pillage seraient punis de mort. Il fut bientôt évident pour ceux qui avaient appris par les fugitifs des jours précédents le malheureux sort de la population de Malgara et des environs, qu'Andrinople était à dessein traitée avec une faveur tout exceptionnelle.

L'occupation se fit sans le moindre incident. Ce fut assez pour décider les consuls étrangers, dont plusieurs se sont toujours montrés obstinément turcophiles, à télégraphier en Europe que les Turcs avaient été accueillis en libérateurs, que la ville était en fête, et la population au comble de la joie. Un peu plus tard, il y eut du désordre, même des assassinats dans certains quartiers excentriques, mais le centre d'Andrinople, les grandes rues, ce qu'on montre aux consuls et aux correspondants de la presse, gardèrent toujours la même froide apparence de calme et de sécurité.

IV. — *Loin des yeux des consuls, pillages, massacres.*

Pendant que les autorités turques faisaient photographier les 42 Grecs noyés à Cara-Agatch et encourageaient la publication d'immondes calomnies à l'effet de tromper la population d'Andrinople et surtout de l'Europe, des atrocités sans nom se commettaient dans tous les villages de Thrace et même dans les prisons d'Andrinople.

Aujourd'hui 14 août, le journal *Stamboul,* si turcophile soit-il, avoue 119 maisons et 300 boutiques brûlées à Malgara, accepte le chiffre de 23 Arméniens et 2 Grecs tués, sans compter 20 blessés.

Dans le village de Galliopa, composé de 280 maisons, 2 seulement sont restées debout et les 278 autres ont été détruites par le feu.

Dans 11 autres villages chrétiens, il y a eu 299 maisons incendiées avec 94 personnes assassinées et 9 blessées.

Galliopa, ou mieux Callivia, est un bourg près de Malgara, où se trouve un couvent dépendant du Mont Athos. Le prêtre y a été tué. Un commissaire venu de Malgara et arrivé hier 13 août à Andrinople, nous assure que le nombre de villages incendiés ou détruits de fond en comble autour de Malgara n'est pas inférieur à 45. Il affirme avoir senti l'odeur insupportable de quantités de cadavres en traversant certaines campagnes des environs de Kéchan. A Kurkili, on compte 78 personnes tuées, 30 à Emil-Keuy. Au gros village de Bulgar-Keuy (400 maisons), la plus grande partie des habitants a été massacrée. Quantité de jeunes filles et de femmes ont été emmenées vers les harems de Gallipoli ou d'Asie Mineure. Des deux beaux villages catholiques d'Ela-Quenu et de Lisgar, il ne reste que des cendres.

Au nord d'Andrinople, une vingtaine de villages au moins ont disparu de la même façon. Partout massacres, viols, pillages, incendies. De plusieurs prêtres catholiques nous sommes absolument sans nouvelles, et nous commençons à craindre beaucoup pour leur sort. Un Père Assomptionniste français et deux Sœurs Oblates de l'Assomption attendirent les pillards dans le grand monastère de la mission de Mostratli. Les deux Sœurs furent mises en joue, mais bientôt les Turcs se rappelant tous les services rendus dans les villages environnants par celles qui leur tenaient tête si courageusement, se ravisèrent et, après un court entretien à distance avec l'intrépide Sœur Gudule (1),

1. Sœur Gudule vient d'être décorée par le Gouvernement belge, ce qui prouve l'exactitude de ce rapport.

une Sœur belge, promirent de respecter les personnes. Chapelle, monastère, école de garçons, école des filles, ferme et moulin, *tout fut la proie des flammes ;* les dégâts sont évalués à plus de 220.000 francs. Les trois missionnaires, n'ayant plus une pierre où reposer la tête, gagnèrent un village voisin où quatre fois on leur refusa du pain, et finalement parvinrent à Andrinople.

La maison de Mostratli, qui est sous la protection de la France, a amené l'intervention de l'ambassade de Constantinople auprès de la Sublime-Porte. L'attitude de la France doit chagriner passablement la police turque. Celle-ci multiplie les enquêtes qui aboutissent infailliblement à la conclusion mensongère préparée d'avance : ce sont les Bulgares qui ont mis le feu en se retirant. Malgré les dépositions des témoins, en particulier du missionnaire de Mostratli, les journaux de Constantinople ont réédité la même fable à propos de l'incendie de la mission des Pères Assomptionnistes.

Il y a quelques jours, le *mouklar* (maire) de Zalof, village d'Albanais chrétiens, près d'Aslan, dans les environs de Kirk-Kilissé, était prié de signer un écrit attestant que les Bulgares avaient mis le feu à son village avant de partir. Ce *mouklar*, qui avait encore un peu de conscience, refusa énergiquement. Il fut menacé puis emmené au bureau de police d'Andrinople. Ce fut peine inutile : « Coupez-moi le cou si vous voulez, je ne puis pas signer votre papier puisque ce sont les soldats turcs qui ont mis le feu. »

Le vieux pope Kristodoulos de Tatar-Keuy (près d'Andrinople) nous racontait lui-même comment on l'avait battu à coups de crosse sur la poitrine parce qu'il n'avait que 48 piastres (moins de 10 francs) à donner aux soldats qui étaient venus le dévaliser :

« Tuez-moi plutôt que de me faire souffrir ainsi »,
disait-il dans l'excès de sa douleur.

Dans les prisons d'Andrinople, nous rapporte un
témoin oculaire, enfermé aussi une dizaine de jours
sans autre crime que celui d'être sujet bulgare, une
centaine de gens de toutes conditions (parmi eux, un
médecin, M. Alexandre Gatchef, qui étudia en France,
des fournisseurs de l'armée, un changeur de Cavakli,
des soldats) furent battus de verges de fer à trois
reprises différentes.

Les voyant étendus sans force et gémissant sur le
pavé de la prison, les gendarmes appelèrent des Arabes ivres qui se mirent à les piétiner en proférant
toutes sortes de blasphèmes. Qui sait ce qui s'est
passé depuis la sortie du témoin de confiance qui nous
a rapporté ces faits et qui pourrait dire aussi ce qui
s'est passé dans d'autres prisons ?

Dernièrement, deux Bulgares munis de passeports
du consul de Russie avaient pris le train avec autorisation de la police pour Constantinople. En route,
arriva l'ordre de les faire retourner à Andrinople, où
ils sont emprisonnés et battus.

La dénonciation d'un passant, d'une femme quelconque : « Celui-là est Bulgare », suffit pour faire jeter
quelqu'un en prison, d'où il ne sortira que très diffi-
cilement, et après avoir subi des mauvais traitements.

Bon nombre de Grecs ont été arrêtés pour cause de
pillages et à la suite de dénonciations. Les Juifs ne
sont pas inquiétés. On dit, et il y a à cela beaucoup
de vraisemblance, qu'ils ont versé une forte somme
pour être dispensés de perquisitions.

Un malheureux inculpé, à la question, s'écriait au
milieu de ses souffrances : « Mais pourquoi n'allez-vous
pas visiter la maison de tel ou tel Juif ? » En atten-

dant, la vermine juive infeste tous les bureaux de police et prend plaisir à exciter la colère des Turcs contre les chrétiens. Voilà une partie de la vérité sur le régime auquel est soumise la malheureuse population de Thrace, depuis le retour des Turcs. Avec quelle impatience les pauvres gens des campagnes livrés à la merci d'une soldatesque sans pitié souhaitent l'intervention énergique de l'Europe, de toutes ces grandes puissances qu'on dit encore capables de quelques sentiments d'humanité.

Dernières nouvelles.

14 août soir.

Un Grec de Cara-Agatch, qui avait fait restituer à un Turc des stocks de balais pillés par ses domestiques, vient de faire deux jours de prison, à la suite d'une dénonciation calomnieuse. Chaque nuit, affirme-t-il, l'on fait sortir une foule de prisonniers entourés de baïonnettes, et ils ne reparaissent plus. La vie d'un homme est si peu de chose, et il faut bien faire de la place dans les cachots d'Andrinople ! Un paysan nous demande conseil. Il avait accepté dans son étable les trois bœufs d'un Turc. En guise de reconnaissance, le Turc réclame la vache et le bœuf du paysan bienfaisant. Il est convoqué au bureau de police dans le but d'être incarcéré dans le plus bref délai.

D'une source très sûre, nous apprenons que 600 femmes et jeunes filles viennent d'être emmenées vers les harems d'Asie.

Un marché d'esclaves et de femmes s'est tenu près de Kéchan.

La caza d'Aérabolou, entre Ouzoun-Koepru et Malgara, composée de villages grecs, vient d'être dévastée à son tour. Un catholique italien, en possession d'une ferme non loin d'Andrinople, nous dit comment un officier de cavalerie s'est présenté devant le fermier : « On nous a dit que le foin qui est ici appartient à un giaour, nous allons le prendre. » Malgré toutes ces injustices et tous ces crimes, le métropolite d'Andrinople n'en continue pas moins d'exalter ses ouailles et de s'exalter lui-même en faveur des bons Turcs qui, après avoir ravagé les villages bulgares, s'apprêtent à tondre, sinon à massacrer, les Grecs de Thrace.

L'auteur de ces lignes a passé de longues années en Turquie d'Asie, en Turquie d'Europe et dans les Balkans, et le caractère de sa personnalité, parfaitement indépendante, augmente encore la valeur du récit émouvant et vrai que l'on vient de lire. Il n'est d'ailleurs pas le seul à penser ainsi et je tiens à reproduire encore les notes suivantes qui ne peuvent qu'éclairer le lecteur impartial :

Les ruines des Eglises catholiques bulgares.

Mgr Petkof décrit ainsi cette ruine lamentable :

Le retour offensif des armées turques a porté la désolation et la ruine partout. De nos centres catholiques bulgares, il ne reste que des cendres. Les fidèles et les prêtres ont fui devant l'envahisseur afin de mettre au moins leur honneur et leur vie en sûreté.

Voici la triste série de nos ruines :

Ela-Gunu, paroisse catholique de huit cents fidèles, a été pillée et incendiée. Les paysans sont partis à la hâte et le missionnaire, le P. Athanase Mintof, est arrivé à Andrinople après deux jours et deux nuits de marche consécutive. Il n'a rien pu prendre de son église, ni ornements, ni vases sacrés, ni habits pour lui-même. Tout a été le butin des envahisseurs.

Liscar, province catholique de trente familles, a été de même pillée et incendiée. Les fidèles, réunis à ceux de Ela-Gunu, se sont retirés en Vieille-Bulgarie, en attendant la fin de la tourmente. Là aussi tout a été perdu pour le P. Christophore Kondof, chargé de cette paroisse.

Ces deux villages se trouvaient sur la nouvelle frontière de Midia-Enos et ont été les premières victimes de cette horrible marche des Turcs. Ceux-ci s'étaient promis de piller et de brûler tous les villages bulgares qu'ils rencontreraient sur leur route et d'en massacrer tous les habitants. Cette promesse, ils l'ont tenue, et, maintenant qu'ils se sont arrêtés à l'ancienne frontière, nous constatons, de tous côtés, l'horrible réalité de ce pillage et de ce massacre.

Nous étions inquiets pour les autres centres catholiques et pour nous-mêmes à Andrinople. La réoccupation de cette ville, le 22 juillet, a donné du courage à cette bande de barbares et nous avons perdu tout espoir de préservation pour les missions catholiques qui se trouvent dans le rayon d'Andrinople.

En effet, le lendemain, nous apprenions le pillage et l'incendie du village et de l'église d'Ak-Bounar. Les fidèles se sont enfuis devant le danger et le P. Ivan Bonef, leur pasteur, est resté pour essayer de sauver son église qui s'achevait.

Nous sommes à l'heure actuelle sans nouvelles de ce prêtre zélé et nous craignons qu'il ait été tué par les Turcs.

Le 23 juillet, la mission de Mostratli, paroisse de soixante familles, a eu son tour, et les soldats turcs, aidés de paysans turcs et grecs, ont pillé et incendié le village d'abord. Le grand monastère des Pères Augustins de l'Assomption, chargés de cette paroisse, et la maison des religieuses Oblates de l'Assomption, qui avaient été sauvegardés, furent pillés et incendiés le 25 et le 27 juillet. L'église fut horriblement profanée et devint ensuite la proie des flammes. On espérait que la protection de la France, sous laquelle étaient placés ces deux établissements, préserverait cette mission. Rien n'a pu arrêter la rage de ces forcenés.

Le 28 juillet, le P. Chrysanthe Ribarof vint nous annoncer la destruction du village et de la paroisse de Kaïadjïk. Tout a été pillé et incendié ; il ne reste plus rien. Les fidèles ont été poursuivis et chassés à travers les forêts par cette bande de malfaiteurs. Ils ont essayé de gagner la frontière afin de trouver un refuge. Le curé de ce village, le P. Kosta Guentchef, est parti avec sa vieille mère âgée de soixante-quinze ans, et nous ne savons ce qu'il est devenu. Est-il mort ? Nous n'avons aucune nouvelle de lui, et comment s'en procurer ?

Le 30 juillet, le P. Basile Guéchef, de Dervichka-Moguila, arrivait à Andrinople où il était venu accompagner deux religieuses Oblates de Mostratli. Il nous a raconté que son village et sa paroisse avaient été préservés jusqu'à présent, mais il nous a dit tout ce qui était arrivé dans la paroisse de Soudjak, en Bulgarie. Ce village est assez proche de la frontière. Les cavaliers turcs ont envahi et pillé toutes les maisons. L'église et la mission catholique n'ont pas été épargnés. Ils ont rançonné la population et les plus honteuses horreurs ont été commises contre les femmes et les jeunes filles du village.

Le P. Nicolas Dimitrof, le curé, a dû se cacher pendant plusieurs jours et plusieurs nuits dans les ravins entre Soudjak et Dervichka-Maguila.

Le monastère schismatique de Soudjak a été pillé et toutes les religieuses violentées.

Là s'arrête pour le moment la triste et trop longue série de nos désastres. Six de nos centres catholiques, les plus nombreux et les plus importants, ont disparu, complètement ruinés !

Combien de vies d'hommes ont été aussi sacrifiées ? Nous ne le saurons que plus tard ; mais nous pouvons supposer qu'elles seront nombreuses les victimes qui auront été massacrées pour n'avoir pas pu ou n'avoir pas voulu fuir devant l'envahisseur.

Et ce qui a été fait pour nos villages catholiques l'a été aussi pour tous les villages bulgares orthodoxes. Dans toute la Thrace, depuis Gallipoli et Tchataldja, jusqu'à l'ancienne frontière de Bulgarie, il ne reste plus un seul village bulgare ni un seul habitant bulgare. Les Turcs avaient comme mot d'ordre de piller, de massacrer et d'incendier, et ils se sont bien acquittés de cette consigne. C'est partout la désolation la plus complète.

Que vont devenir toutes ces familles qui ont quitté leurs villages et leurs foyers, emportant seulement avec elles quelques provisions ?

Quelles horreurs n'avons-nous pas entendues déjà ? Des mères, parmi lesquelles plusieurs de nos catholiques, nous ont dit leur désolation pour avoir été obligées d'abandonner, sur les chemins, leurs petits enfants qui ne pouvaient plus marcher et qu'elles ne pouvaient plus porter ! Des vieillards à bout de forces abandonnaient la caravane des villageois qui fuyaient devant les Turcs et sont morts de faim sur le bord des routes ou tués par les envahisseurs.

Quel sera l'avenir de ces missions dévastées ? Dieu seul le sait. Mais au point de vue humain et matériel, c'est la ruine la plus complète.

Les prêtres des villages nous sont arrivés sans avoir rien pu sauver de leurs ornements d'églises. Ils n'ont même pas de vêtements pour eux. Tout leur a été pris ou est devenu la proie des flammes. Leur pauvreté était grande ; mais aujourd'hui, c'est le dénuement, la misère la plus complète. Et ils sont sans ressources pour se procurer le nécessaire.

Mais ces ruines matérielles ne sont rien à côté de la douleur qu'ils éprouvent et que nous ressentons tous, à la vue de tant de paroisses, d'églises, d'écoles ruinées ! Comment réunir tous ces fidèles dispersés un peu partout et livrés à l'influence du schisme ? Où est le fruit de tant de travaux et de sacrifices ?

Le bon Dieu ne permettra pas que tout soit perdu. Il fera, nous l'en prions de tout cœur, renaître de leurs cendres ces centres catholiques qui donnaient un si bel espoir pour l'avenir.

Nous recommandons à votre charité et à celle de tous les bienfaiteurs des œuvres catholiques, nos prêtres et nos fidèles qui ont été dépouillés de tout et qui se trouvent maintenant dans la plus extrême nécessité.

Dieu bénira les cœurs généreux qui nous viendront en aide. Nous l'en supplions chaque jour, au saint sacrifice de la messe, et nous avons confiance que cette épreuve, si pénible soit-elle, sera un gage de résurrection et de vie nouvelle pour l'Église catholique dans ce vicariat apostolique de la Thrace.

Michel PETKOF,
Évêque pour les Bulgares catholiques
de la Thrace.

Qu'est devenue la miséricorde ottomane ?

Où sont maintenant les innombrables actes d'humanité des troupes du Sultan ?

J'admettais même en lisant ces lignes que Mgr Petkof s'était peut-être laissé allé à une indignation trop grande causée par la mort de ses fidèles et n'avait pas suffisamment considéré les événements à un point de vue plus général et plus large, mais des témoignages venus des personnalités les plus diverses n'ont fait que confirmer amplement les déclarations de l'évêque de Thrace. Au hasard, en voici un :

Il ne faut tenir aucun compte des articles de Farrère, de Loti ou autres prestigieux écrivains. La vérité est bien différente de leurs rêves poétiques...

Signé : R. P. (1).

On sait la compétence de l'auteur de ces lignes qui a examiné les faits et les *lieux* en dehors de toute question religieuse et ne cache pas sa manière de penser !

Et je suppose que le lecteur ne se soucie plus d'entendre de nouvelles controverses sur ces pénibles questions et au sujet desquelles je dirai mon dernier mot au chapitre suivant, en examinant la situation de Sofia pendant les journées terribles de la dernière guerre.

1. J'ai entre les mains le témoignage *écrit* que je cite.

CHAPITRE VII

Tandis que les armées serbes repoussaient les Bulgares entre Nich et Kustendil, que les troupes grecques envahissaient la Macédoine et la Thrace et que les colonnes roumaines marchaient sur Sofia, celle-ci se trouva en fort peu de temps isolée du monde. Les habiles metteurs en scène d'Athènes et de Bucarest en profitèrent naturellement pour s'assurer de la sympathie et de la bienveillante amitié de l'Europe entière ; leurs soldats, dont le nombre était bien supérieur à celui de leurs adversaires, n'eurent, on le sait, à montrer que des victoires aux journalistes et aux correspondants de guerre qui suivaient les opérations militaires, et malheureusement aujourd'hui plus encore qu'autrefois l'estime et la considération des peuples vont plus aisément au vainqueur qu'au vaincu.

En 1912, on célébra souvent de façon ridicule les campagnes balkaniques ; en 1913, on conserva la même méthode en ayant soin de glorifier le plus les deux États, au nord et au sud de la péninsule qui, je crois, le méritaient le moins.

En outre, les gens qui voulurent se rendre près des Bulgares pour les suivre dans leur deuxième campagne virent leurs projets échouer par suite de l'interruption des communications entre la Bulgarie et l'Europe. On vit donc M. de Pennenrun aux armées serbes, M. et Mme Leune avec le roi Constantin, de même que M. René Puaux, M. Georges Bourdon et MM. de Jessen et Réginald Kann (1). Et pas un Français ne se trouva accrédité auprès des généraux bulgares pour pouvoir donner à Paris une autre impression des événements.

Mais tandis que les uns, comme M. de Pennenrun n'envoyaient à leur journal que des récits relatant la stricte vérité et les spectacles militaires qui se déroulaient devant eux, les autres, soit par sympathie préexistante pour les Roumains ou les Grecs, soit trompés par une ingénieuse comédie, se répandirent en éloges immodérés des troupes qui combattaient... sous leurs yeux, soit peignirent avec éloquence des tableaux de massacres et d'horreurs dont le fond n'était, hélas ! que trop vrai, mais qui s'ornait de mille fantaisies nuisibles pour l'exactitude des récits qui veulent être historiques.

On eut, en outre, l'adresse de persuader insensiblement à l'Europe que toute la Thrace était grecque, que la Roumanie était l'État le plus pacifique et le plus généreux du monde, et que les

1. Ceux qui s'intéressent aux questions militaires balkaniques doivent lire les remarquables articles de M. R. Kann dans *le Temps.*

Bulgares n'étaient que des incendiaires et des fous sanguinaires.

Au point de vue politique, ce plan était, à vrai dire, admirablement conçu, mais la loyauté n'y brillait pas spécialement !

Il est vrai qu'en politique ce mot fait sourire. Que le lecteur m'excuse de l'employer trop souvent !

En vue d'appuyer cette conception diplomatique, les professeurs de l'Université d'Athènes télégraphièrent aux Universités étrangères en protestant contre les crimes bulgares commis sur les populations macédoniennes (1).

Ce que voyant, les professeurs de l'Université de Sofia, qui en avaient eu indirectement connaissance, y répondirent par une déclaration qui n'a jamais été publiée intégralement et que voici dans son texte complet :

Sofia, le 10 août 1913.

Les Professeurs de l'Université de Sofia a leurs Collègues des Universités étrangères.

Nous venons d'avoir connaissance du télégramme envoyé par les professeurs de l'Université d'Athènes aux Universités étrangères pour protester contre les prétendus méfaits dont se seraient rendues coupables les troupes bulgares à l'égard des populations macédoniennes.

1. Je rappelle, à titre de précision, que ces populations macédoniennes dont nous avons parlé au chapitre III ont manifesté mainte et mainte fois leur attachement à la Bulgarie. Les Bulgares auraient donc massacré leurs frères de race !

Coupée du monde extérieur et mise dans l'impossibilité de se défendre, la Bulgarie a été accablée d'accusations terribles par ses alliés d'hier coalisés contre elle avec les Roumains et les Turcs.

Les professeurs de l'Université de Sofia regrettent d'être obligés de rapporter la protestation de leurs collègues athéniens aux procédés du système d'accusation adopté par nos adversaires. Mais ils se doivent de faire ressortir le fait que, pendant toute la durée de la guerre balkanique, les populations bulgares ont toujours été les victimes des massacres en Thrace et en Macédoine : ces méfaits ne peuvent donc pas être l'œuvre des Bulgares.

Ceci du reste est prouvé par les centaines ou milliers de réfugiés venus en Bulgarie des endroits envahis par les troupes grecques, serbes et turques ; par les témoignages des réfugiés koutzovalaques de Moglena, où les troupes bulgares n'ont jamais passé, où il n'y a pas eu d'engagement, mais où les villages furent incendiés et les paisibles habitants massacrés, déshonorés, chassés de leurs foyers ; par les récits des Bulgares échappés de Koukouch (Kilkich) où des soldats grecs égorgèrent les enfants de l'établissement catholique.

Enfin, le courrier militaire grec, capturé dans le Razlog lors de la retraite des troupes helléniques, contient des lettres de soldats à leurs familles qui affirmaient de la façon la plus catégorique qu'ils avaient l'ordre d'exterminer la race bulgare et de détruire tous les villages bulgares.

Les professeurs athéniens parlent du meurtre de quelques évêques grecs. Aucun évêque n'a été tué ; quelques-uns seulement furent mis en état d'arrestation pour faits d'espionnage et pour organisation de bandes armées contre les Bulgares.

Les mêmes professeurs affirment que des consulats étrangers seraient incendiés ; la vérité est que, à Sérès, des soldats grecs ont égorgé la garde bulgare du consul d'Autriche-Hongrie dans cette ville, lequel est de nationalité grecque.

Les professeurs athéniens promettent un exposé détaillé de tous les faits de nature à corroborer leur protestation. Leurs collègues de Sofia sont à même de leur opposer un exposé non moins détaillé qui fera ressortir très clairement le système grec qui consiste à attribuer aux Bulgares les crimes qu'ils ont eux-mêmes commis.

Au nom de la vérité, les professeurs de Sofia adressent, par l'intermédiaire de la presse, à leurs collègues de toutes les Universités étrangères, la prière de faciliter, autant qu'il leur est possible, la réalisation de l'enquête internationale, que le Gouvernement bulgare a proposé à plusieurs reprises, dans le but de faire la lumière sur les méfaits commis en Thrace et en Macédoine pendant la guerre ; enquête que la Grèce cherche à éviter sous des prétextes fallacieux. Ce faisant, ils sont convaincus que leurs collègues athéniens ne leur refuseront pas eux aussi leur adhésion.

Pour les professeurs de l'Université de Sofia,

Signé :

Le Recteur, Stéphan Kirof.

Mais on ne se contenta pas de décrire les méfaits des Bulgares, on voulut encore réduire aux yeux de l'opinion générale européenne, leur valeur militaire et morale et, dans ce but, on affirma que la panique la plus effroyable régnait en Bulgarie, que des séditions éclataient partout, que (plus tard) le retour des troupes, après la signature de la paix, avait été honteux et misérable.

Et voici ce qu'écrivait un homme qui se trouvait à Sofia pendant toute la crise (1) :

Après deux mois d'isolement la poste nous a livré des monceaux de journaux. Nous avons lu et nous avons été écœurés.

Hier, au Bulgare victorieux, tous jetaient des fleurs, on proclamait le génie du tsar Ferdinand, l'héroïsme de son armée, la force et l'abnégation de ce peuple qui, né de la veille, avait pu, avec ses quatre millions d'habitants, refouler d'Europe la vague de l'Islam...

... Et la guerre recommença, une guerre de fauves. Sur les Bulgares se referme un effroyable étau de fer... et de silence...

Mais cette fois, pour les journaux du monde entier, le Bulgare n'est plus qu'un dangereux incendiaire, un péril pour les Balkans et, pour l'Europe, un soldat démoralisé, un être impropre à la civilisation, un monstre indigne de la vie !...

... Non, ce peuple fort vivra tranquille dans sa sagesse de terrien ; oh ! il a ses défauts et je l'ai entendu faire son *mea culpa* sur son entêtement et son intransigeance, mais il est digne du respect de l'Europe et du monde.

Sans commentaires ! Ne pouvant laisser passer des affirmations telles que celles dont nous parlions plus haut, sur sa patrie, M. Stanciof déclara au *Gaulois :*

1. *La Croix*, 31 août 1913.

INTERVIEW DE M. STANCIOF

Gaulois, 26 août.

Nous recevons de Sofia les communications suivantes, auxquelles l'isolement que la capitale bulgare
vient de subir pendant de longues semaines, donne
un intérêt particulier.

Pendant la durée entière de la terrible crise qui
vient d'éprouver si cruellement la Bulgarie, l'esprit
de ce jeune peuple vigoureux a été à la hauteur de
toutes les espérances qu'il avait données en 1912.

A Sofia, malgré les jours d'atroce incertitude au
cours desquels les nouvelles les plus alarmantes se
succédaient avec une stupéfiante rapidité ; malgré
l'isolement dans lequel l'avait placé la rupture de
toute communication avec l'Europe, jamais le peuple
n'a subi les atteintes du découragement.

Le moral des blessés est excellent ; dans l'espoir de
jours meilleurs, ils réagissent tous contre la souffrance. Leur douceur et leur patience sont telles qu'on
se demande où certaines gens vont chercher les propos amers et les pensées dangereuses qu'on leur
prête ! Leur bon sens leur fait comprendre que ce
n'est ni l'heure des récriminations ni celle où l'on
doit rechercher les responsabilités.

Ils sont harassés de fatigue et aspirent à revoir
leurs maisons et leurs champs. Dans les hôpitaux, on
a lu aux blessé le manifeste royal qu'ils ont écouté
avec enthousiasme.

S. M. la Reine dirige tous les travaux de la Croix-
Rouge avec un inlassable dévouement, secondée par
sa sœur, la princesse de Reuss et les jeunes princesses
Eudoxie et Nadedja.

Un des éléments de tristesse de la capitale est fourni

par l'arrivée perpétuelle des fugitifs. Les grandes routes qui conduisent à Sofia sont encombrées de processions qui semblent porter toute la misère humaine : ce sont ces réfugiés, hâves, en haillons, avec, sur leurs traits, la morne indifférence de ceux qui ont tout perdu.

Les malheureux habitants des rives danubiennes, qui ont fui devant l'invasion roumaine, voisinent dans les plaines de Sofia avec les villageois de Macédoine, survivants des représailles grecques et serbes. Lorsqu'on interroge ces derniers, ils ne peuvent que répéter ces mots :

« L'ennemi détruit, l'ennemi brûle, l'ennemi massacre. »

Dans plusieurs hôpitaux, des malheureux ont perdu la raison à la suite des horreurs dont ils ont été les témoins, notamment à Istip. Les infortunées victimes des atrocités serbes et grecques font les récits les plus affreux qui excitent l'indignation des auditeurs les moins sensibles. A l'hôpital Clémentine, dirigé personnellement par S. M. la Reine, se trouve un enfant de treize ans, affreusement mutilé par les Grecs à Kilkitch et qui a pu s'enfuir après avoir vu sa mère et son frère tués devant lui à coups de hache.

Depuis quelques jours, on reçoit les journaux étrangers. On manifeste un profond chagrin en lisant les journaux français qui semblent métamorphoser les soldats bulgares de 1912 en bêtes féroces, moins d'un an après.

Ce qui indigne particulièrement la population, ce sont les desseins révolutionnaires que l'Europe lui prête. Jamais le peuple bulgare n'a été animé d'un aussi sincère attachement à la dynastie. Le retour du Roi à la tête des troupes, le 2/15 août, a provoqué des ovations enthousiastes. L'on en connaît déjà les principaux détails, mais aucune description ne saurait rendre les multiples émotions de cette heure poignante. Les acclamations se répercutaient dans la ville entière ; elles redoublaient au passage des canons fleuris de glaïeuls et de tournesols d'or, au milieu desquels se dressait la croix. La foule s'agenouillait devant les drapeaux noircis, déchirés, quelques-uns en loques ; de celui du 6ᵉ régiment, il ne restait que la hampe, un boulet ayant emporté l'étoffe glorieuse.

Tous les diplomates assistaient à ce noble spectacle devant l'église de Saint-Kral ; ils ne cachaient pas leur admiration de cette endurance, de cette confiance en l'avenir, de ce courage physique et moral. Les attachés militaires furent unanimes à déclarer qu'un soldat de cette trempe est unique au monde. Un diplomate, s'adressant à un voisin bulgare, dit : « Vous êtes une race incomparable et votre ressort est sans égal », tandis qu'un autre ministre étranger s'écriait : « Ce n'est pas une armée défaite ! »

Telles sont les impressions que l'on peut recueillir à Sofia ; le peuple bulgare, aussi fièrement trempé qu'une lame d'acier, reste debout dans la tempête, bravant la calomnie, comme il a défié la mort au champ de bataille.

A la voix de son souverain, il a replié ses glorieux étendards pour des jours à venir et recommence le patient travail de la réorganisation en méditant le vieux dicton oriental : « Tout passe, nous avons eu *l'heure des hommes, attendons celle du Très-Haut, elle viendra.* »

A l'appui de ces nobles paroles, et en opposition des déclarations fantaisistes d'un reporter allemand (de la *Gazette de Francfort*), il convient de citer les photographies publiées par *Excelsior*, le

29 août, et qui montrent les soldats bulgares couverts de fleurs par la population (1).

Celles que l'on remarque encore dans *l'Illustration* du 30 août sont assez significatives et il serait à souhaiter qu'on s'en rende mieux compte à Saint-Pétersbourg !

Il me reste à citer un témoignage aussi compétent qu'impartial sur la situation, le caractère et les malheurs des Bulgares, c'est la lettre publiée par le *Times* du 28 août émanant de son correspondant militaire en Thrace.

LETTRE PUBLIÉE PAR LE *TIMES* LE 28 AOUT

Adressée à ce journal par son correspondant militaire en Thrace.

Une campagne de presse, très habilement conduite, a donné à l'Europe l'impression : premièrement, que la population de la Thrace est presque entièrement grecque et, secondement, que son sort est, ou était pis encore sous le gouvernement bulgare que sous le gouvernement turc.

Je reconnais l'importance politique, pour certains intéressés, de créer ces impressions, mais je n'hésite pas à affirmer que ni l'un, ni l'autre n'est fondé sur des faits. J'ai accompli de longs voyages en Thrace pour le *Times*, il y a dix ans, ainsi que ce dernier printemps.

Depuis les menaces de 1903, le nombre des Bulgares, par rapport aux Grecs — je les évalue toujours d'après

1. A rapprocher des déclarations du baron de Rosen, de la lettre de Sofia et des commentaires russes du chapitre III.

leur langue et leur religion — a certainement dimi-
nué, mais on trouvera, dans un jour de randonnée à
cheval, plus de villages bulgares que de villages grecs,
dans presque toutes les parties de la Thrace au nord
de la ligne Enos-Midia. Neuf sur dix de ces villages,
tant bulgares que grecs, ont été brûlés l'hiver dernier
par les Turcs dans leur retraite. Action qui peut être
justifiée au point de vue militaire, parce que c'est le
devoir d'une arrière-garde de créer des obstacles pour
arrêter la poursuite de l'ennemi, et peu d'obstacles
égalent la dévastation complète.

Ayant perdu tout domicile, la plus grande partie de
la population chrétienne se réfugia dans les petites
villes, telles que Dimotika, Lüle-Bourgas et Bounar-
Hissar. J'ai visité toutes ces villes et beaucoup d'autres, mais je n'ai jamais pu trouver par le moindre
indice que les Bulgares aient maltraité les Grecs.

J'ai logé plus souvent chez des Grecs que chez des
Bulgares afin d'obtenir le récit le moins partial de la
campagne, mais je n'ai jamais entendu porter la
moindre plainte contre les vainqueurs. Les Grecs, les
Arméniens, les Bulgares et les Juifs étaient très visiblement sur les meilleurs termes.

Dans les villes occupées par les garnisons bulgares,
les marchandises étaient scrupuleusement payées aux
commerçants grecs, quoique les prix fussent exorbi-
tants, et la majorité de ces Grecs ont dû largement
regagner toutes leurs pertes causées par la guerre.

Un grand nombre de Grecs s'étaient spontanément
offerts pour contribuer à l'administration civile du
pays. A Uskudar, par exemple, important village
avec une population mixte et placé sur les lignes de
communication des troupes qui assiégeaient alors
Andrinople, le maire, mon hôte, était un Grec, nommé
et payé par les autorités bulgares. Le pain était jour-

nellement distribué par ces derniers à la population sans distinction de nationalités.

J'ai vu les Grecs qui étaient déserteurs des armées turques être pourvus de vêtements, nourris et rapatriés par les Bulgares, sans que ces derniers exigeassent le moindre paiement.

Le jour de fête, j'ai souvent vu des officiers et des soldats bulgares retourner leurs poches pour trouver de la menue monnaie qu'ils donnaient aux enfants grecs qui jouaient dans la rue.

La liberté religieuse et l'égalité des races constituaient de fait le trait le plus caractéristique de l'occupation bulgare de la Thrace. Même les quelques Turcs qui y étaient restés — car la plupart avaient fui longtemps avant l'arrivée des Bulgares — n'ont pu avoir à se plaindre.

Ainsi, par exemple, les bains turcs avaient été laissés aux mains de leurs propriétaires, et les employés turcs de ces établissements ne furent ni maltraités, ni mal rétribués par les nuées de soldats bulgares qui les fréquentaient à toutes les heures de la journée.

De même, dans les quartiers turcs d'un grand nombre de petites villes, les magasins furent fermés avec soin et protégés par des patrouilles bulgares, dans l'espoir, me dit-on, que leurs propriétaires absents y retourneraient éventuellement et parce qu'on reconnaissait que leur rapatriement était une des conditions essentielles de la prospérité future de la Thrace.

« La politique que vous suivez dans l'Afrique du Sud est notre modèle », me dit une fois le général Savof, au cours d'une conversation qu'il a eue avec moi sur le même sujet.

L'intérêt de tous leurs ennemis et celui du monde

musulman, en général, est de noircir le caractère bulgare, et leur idée principale semble être que si l'on arrive à jeter une assez grande quantité de boue, une certaine partie pourra adhérer!

La campagne de la calomnie, par conséquent, paraît devoir continuer, mais ayant contrôlé personnellement la conduite des troupes bulgares dans les territoires conquis, je réserverai mon jugement jusqu'à ce que l'on puisse produire contre elles un témoignage strictement impartial.

Un enchaînement de circonstances et l'imprévoyance de leurs hommes d'État ont privé les Bulgares de la presque totalité de leur butin de guerre si laborieusement gagné, mais, à la longue, je suis sûr qu'ils regagneront et garderont leur réputation de bon caractère, de discipline et de bravoure.

Il est réellement curieux de voir les Grecs, nourris et payés par les Bulgares, et nommés par ces derniers fonctionnaires de différentes localités, et je crois regrettable que cet intéressant rapport, dont le ton est si modéré et ne présente pas ce caractère agressif que l'on trouve trop souvent ailleurs, n'ait pas été plus largement reproduit par la presse française, qui ne s'en est guère inquiétée.

Le témoignage est donc doublement important, d'abord par les renseignements qu'il nous donne sur la composition de la population de Thrace, ensuite sur les relations de ces populations avec les vainqueurs de 1912.

L'auteur de ce document nous déclare qu'il ne pourra que réserver son jugement sur les atrocités reprochées aux Bulgares jusqu'à ce qu'un témoignage strictement impartial lui prouve le contraire

de ses propres impressions ; or, deux enquêtes ont
été faites à ce sujet : l'une menée en Grèce par
M. du Halgouet, chargé d'affaires de France à
Athènes, et le lieutenant-colonel Lepidi, et dont le
rapport n'a pas été publié, bien que dans l'intérêt du public il serait, je crois, à souhaiter qu'il
le fût; l'autre a parcouru toute la péninsule. Elle
était composée de délégués de la Russie, de l'Angleterre, de l'Autriche, de la France, des États-
Unis. L'opinion grecque commença par récuser le
délégué anglais, M. Brailsford, le trouvant trop
ami des Bulgares, et un *télégramme officieux* de
Belgrade affirma que la Serbie n'admettait pas le
délégué russe, M. Milioukof, pour la même raison ; dans ces conditions, les autres membres de
la Commission déclarèrent se solidariser avec
leurs collègues. L'information fut démentie et la
Commission, après avoir visité la Serbie, passa
en Grèce : là, elle trouva des gens décidés à « la
faire parler » pour la presse, et on déclara (1) que
M. Brailsford se serait montré d'une partialité ré-
voltante, en disant que : « Pour être convaincu
des atrocités bulgares, il faut me montrer les cadavres, et que le frère ou le père du cadavre me
dise que c'est une victime des Bulgares, et que ce
frère ou père soit de bonne foi. » Mais quoi de plus
juste ? On ne s'arrêta pas là, et, chaque jour, des
télégrammes d'Athènes affirmaient la séparation
de la Commission, les sentiments nettement hellènes du député français, etc... Bref, renseigne-

---

1. *Le Temps*, 2 septembre, télégrammes de Salonique.

ments pris, on s'aperçut à Paris que la Commission Carnegie continuait normalement son enquête !

De Grèce, la Commission se rendit en Bulgarie, et elle arrivait à Sofia le 13 septembre, d'où, après avoir visité les réfugiés de Macédoine, elle partit pour Nevrocop, Dubnitza et les localités de cette région, puis quitta définitivement les Balkans le 21.

Elle se trouve actuellement à Paris, où elle va, paraît-il, publier son rapport sur ce qu'elle a vu et contrôlé !

Attendons...

Enfin je dirais, comme le docteur Rebreyend, chirurgien de la Croix-Rouge française, qui a vécu en juillet et août des journées si pénibles en Bulgarie au milieu des blessés : « Qui a commencé, cette fois? Qui a brûlé le premier village, massacré le premier paysan? »

On a crié à travers l'Europe qu'il n'y avait qu'un seul coupable : le Bulgare.

Rétablissons la vérité ; il y eut *des* coupables, et le Bulgare fut loin d'être le principal.

Telle est l'impression qui me reste de l'examen que j'ai fait, avec la plus grande impartialité, des plaintes, des accusations et des reproches des peuples balkaniques, et, pour terminer ce chapitre, je laisserai la parole au docteur Rebreyend, qui, mieux que moi, dira au lecteur ce qu'il a ressenti en quittant Sofia, après la crise, le 13 août 1913 !

A mesure que je m'éloignais de Sofia, puis de Philippopoli, l'impression de la guerre s'atténuait, devenait moins obsédante. Les blessés se faisaient plus rares ; ceux qu'on rencontrait encore semblaient déjà réconfortés par l'approche du pays. Combien j'en ai vu partir, descendus à chaque station, s'en allant vers leurs villages, au trot d'une voiture traînée par deux petits chevaux allègres !

Confiné à Sofia, presque prisonnier en fait, je confesse aujourd'hui l'aigreur involontaire avec laquelle, depuis trois semaines environ, j'ai vu et jugé les choses. Puis, dans cette capitale, c'est surtout le mauvais côté des Bulgares qui m'est apparu. Il me fallait aussi cette note-là pour juger sainement le pour et le contre. Mais, pendant quelques jours, elle avait vraiment trop dominé. Aujourd'hui, les choses reprennent leur place, et il me semble qu'au moment de passer la frontière, c'est bien l'impression juste que je ressens.

Pour célébrer cette paix, pourtant bien désirée, on n'a pas sonné les cloches. Ah ! certes, on est loin de la paix glorieuse conclue il y a deux mois. Tombé si vite d'une espérance si haute, ce serait trop demander à ce peuple que de se faire tout de suite une raison.

Ne nous y trompons pas, ces gens sont à bout de forces, non à bout d'énergie. Se retremper, travailler, respirer un peu, se refaire, voilà ce qu'ils demandent, rien de plus.

Ils ont fait tout ce que permettent les forces humaines ; ils sont allés même un peu au delà.

Rien là qui puisse faire baisser le front.

Et cela se voit, je vous l'assure, dans l'attitude de ces soldats, blessés ou non, que l'on rapatrie. J'ai vu à Gorna-Orchovitza démarrer un train entier qui partait pour Varna. Au moment du départ, les soldats chantaient à pleine poitrine, il sonnaient du clairon, ils criaient : « Hourra ! »

Rien à dire, ils en avaient le droit. Leurs faces maigres, leurs bras en écharpe et leurs capotes en loques disaient trop de quel prix ils l'avaient payé.

Pauvres braves gens ! Combien de trains semblables j'ai vu passer depuis dix mois, à Sofia, à Philippopoli, à Andrinople, toujours avec les mêmes branches vertes aux locomotives, toujours avec les mêmes chansons, les mêmes coups de fusils tirés en l'air, les mêmes hourras.

Aujourd'hui, libérés, hors de peine, ils chantent comme autrefois, mais pas davantage.

Dans le crépitement de sa fusillade inoffensive, le train s'est éloigné, s'est fondu dans l'horizon. Il emporte pour moi, dans une impression dernière, le souvenir de ces braves garçons, patients et doux.

C'est la paix aujourd'hui, et il n'y a pas un ivrogne, pas un brutal, pas un indiscipliné. Ils s'en retournent chez eux comme ils en sont venus, rudes, simples, le cœur content tout de même.

Et songeant que c'étaient des vaincus, j'ai pleuré...

ANNEXE AU CHAPITRE VII

Notice.

Dans le but d'établir que les sujets étrangers, et particulièrement les Grecs et les Turcs, n'ont eu à se plaindre d'aucun mauvais traitement de la part de la population bulgare depuis le commencement de la mobilisation, le préfet de Varna a adressé, au nom de plusieurs notables citoyens de Varna, une lettre-circulaire aux consuls de cette ville, en les priant de lui répondre officiellement s'ils ont eu connaissance de quelques mauvais traitements exercés par cette population sur les étrangers. Voici les différentes réponses qu'il a reçues :

1° Le consul d'Italie, par sa lettre du 31 juillet/10 août, assure n'avoir reçu aucune plainte à ce sujet de la part de la colonie italienne, et ajoute qu'il n'y a pas eu d'atrocités ou de mauvais traitements commis sur les étrangers depuis le commencement de la guerre jusqu'à ce jour;

2° Le consul d'Espagne, par sa lettre du 29 juillet/11 août, lui communique que jamais aucun étranger de Varna ne s'est plaint à lui de mauvais traitements ou autres méfaits qui auraient été commis par la population bulgare, et ajoute que le calme et l'ordre ont toujours régné depuis le commencement de la guerre;

3° Le consul de Belgique, par sa lettre du 11 août, fait savoir qu'à aucun moment il n'a reçu de plaintes de la colonie belge contre les exactions ou mauvais traitements de la part de la population bulgare;

4° Le consul de Norvège, par sa lettre du 29/11 août, répond qu'il n'y a eu dans le district de Varna, depuis le mois de septembre 1912, ni crimes, ni délits, ni mauvais traitements commis sur des sujets étrangers;

5° Le consul de Russie, par sa lettre du 29 juillet, répond qu'il n'a connaissance d'aucun désordre qui se serait produit dans la ville de Varna;

6° Par sa lettre du 31 juillet/13 août, le consul d'Autriche-Hongrie répond qu'aucune plainte, depuis le commencement de la guerre jusqu'à présent, n'est parvenue au consulat d'Autriche-Hongrie, de la part des sujets austro-hongrois, contre la population bulgare dans le rayon de ce consulat. Le consul exprime sa satisfaction de pouvoir constater cela ;

7° Le consul d'Allemagne, par sa lettre du 3 août, dit n'avoir reçu aucune plainte de la part des sujets allemands et que *les ressortissants turcs, dont il protège les intérêts*, ne se sont jamais adressés à lui pour se plaindre d'aucun mauvais traitement ou de quelque méfait sérieux ;

8° Le consul de France, qui a la protection des sujets grecs, par sa lettre du 20 août, n°21, dit que, selon son avis, la population de Varna, pendant toute la guerre, était exemplaire ; elle a gardé un sang-froid et une dignité qui méritent le plus grand éloge.

CHAPITRE VIII

La question religieuse. — Son histoire en Bulgarie. — La situation actuelle en Grèce, en Serbie, en Bulgarie. — Comment la question religieuse est liée dans les pays balkaniques à l'influence française.

Faire ici une histoire complète, exacte et minutieuse de la question religieuse dans les Balkans et plus particulièrement en Bulgarie, serait un travail trop considérable et trop spécial, d'autant plus qu'il nécessiterait une érudition et une compétence que j'avoue ne point posséder en la matière. Cependant, pour comprendre vraiment la situation actuelle, que nous examinerons d'ailleurs plus loin, il me semble utile de jeter un coup d'œil sur la marche, à travers les siècles, du christianisme en Bulgarie.

Une légende veut que saint Paul et un de ses disciples, Andronic, aient, les premiers, prêché dans la péninsule, ce qui expliquerait les martyrs persécutés par les Huns et autres envahisseurs en 3oo ou 4oo après Jésus-Christ ; mais le premier souverain qui s'occupa de faire évangéliser la péninsule fut Charlemagne, qui mit tous les Slaves de Moravie et de Pannonie (Hongrie) sous la direction de l'évêque de Passau, chargé de leur conversion. Le succès ne devait pas venir de ce côté ! Ce fut, au contraire, de Byzance, déjà en décadence, que partirent ceux qui devaient être les plus grands apôtres des Balkans et des régions slaves, saint Cyrille et saint Méthode, tous deux originaires de Thessalonique. Ils se rendirent de bonne heure à Constantinople où, sous la conduite de maîtres déjà célèbres, ils étudièrent philosophie, mathématiques et, en général, tout ce qui pouvait leur être enseigné à cette époque. En 851, Cyrille fut envoyé par Michel III à Bagdad pour répondre aux savants musulmans ; l'ayant fait avec une éloquence et une habileté remarquables, il fut envoyé avec son frère chez les Khazares, peuple du Don, et, à leur retour de cette mission, ils partirent pour la Moravie, commencer l'apostolat qui les rendit glorieux dans la chrétienté tout entière.

Saint Cyrille mourut le premier à Rome en 869 ; malgré ses désirs, il y fut enterré. Son frère Méthode repartit alors et organisa complètement l'Église catholique slave ; pour cela, saint Cyrille et lui avaient composé le slavon (1), langue compliquée mais belle et riche, et qui leur permit de se faire comprendre des populations qui se convertirent très vite. (Le slavon donna ensuite : le bulgare, le russe, le serbe, le roumano-slave et le croate.) Bref, l'œuvre des deux apôtres (Méthode mourut le 4 avril 885) fut le premier jalon de la civilisation dans les Balkans et en Moravie, et constitua une barrière à l'influence germanique qui, dans l'Église comme partout ailleurs, cherchait à affirmer sa supériorité.

---

1. Le slavon fut composé avec les dialectes du pays, le grec et plusieurs langues orientales.

Leurs disciples continuèrent leurs travaux, mais au milieu des troubles qui ensanglantaient à chaque instant l'Orient, l'Église catholique bulgare ne pouvait progresser que bien lentement, attaquée et recherchée tour à tour par les prélats d'Allemagne et de Constantinople. En 927, Rome prouva sa liaison avec le culte bulgare en envoyant un légat chargé de sacrer empereur Pierre Ier « basileus de Bulgarie ». Quelque temps après, l'influence byzantine l'ayant complètement accaparé, et ses fautes nombreuses ayant soulevé la colère du peuple, elle subit facilement la pression des hérésies des Bogomiles (1) et son affaiblissement rapide amena celui de la monarchie bulgare. En 972, le souverain byzantin Yan Timizcès subordonna tous les évêchés bulgares à l'Eglise de Byzance, d'Okrida. En 1054, le patriarche de Constantinople et l'archevêque se séparèrent de Rome en lui reprochant plusieurs usages ou principes tels que : « usage du pain azyme — permettre l'usage de la viande le mercredi — permettre à deux frères d'épouser deux sœurs, etc., etc... » En 1024, Kaloïan, restaurateur de la monarchie bulgare, se réconcilia avec le Pape qui envoya un légat pour le sacrer roi. Les moines Théodose et Euthyme continuèrent le système romain, mais en 1393, le patriarche de Tirnovo ayant vaillamment résisté aux Turcs, fut exilé en Macédoine

---

1. Les Bogomiles, secte fondée par un certain Jérôme Bogomil vers 927. Ils proscrivaient le mariage, déclaraient non valables et absurdes les serments et admettaient le suicide auquel ils poussaient même quelquefois.

tandis que les églises étaient transformées en mosquées. L'archevêché bulgare d'Okrida devint, principalement après sa mort, le centre religieux officiel du pays et, en 1396, les Bulgares furent soumis directement (pour la seconde fois) à l'Église de Constantinople. Les évêques grecs du Phanar avaient la haute main sur tout le clergé, en profitant pour écarter tous les prêtres nés dans la région et les remplacer par leurs créatures qui pesaient lourdement sur les populations slaves.

Au même moment, pour sauver leur nationalité ainsi mise en péril, les sectes pauliciennes de Philippopoli, de Svichtov et de Nikopol se convertirent au catholicisme romain, en conservant leur langue respectée par les Papes et interdite par les patriarches grecs.

Au xixe siècle, lors du réveil des peuples balkaniques, les Bulgares réclamèrent à la Porte et au Patriarchat, mais en vain, une Église autonome, aussi, voyant qu'ils n'obtiendraient rien du côté du Sultan, tentèrent-ils, en 1860, une union avec Rome qui leur aurait assuré le concours de la France. Mais la Russie s'interposa, craignant la création d'une nation catholique sur laquelle elle n'aurait aucune influence; elle insista auprès du Sultan et du patriarche pour obtenir une solution favorable à ses intérêts, et, en février 1870, un firman impérial ottoman confiait l'administration de l'Église bulgare à l'exarque de Constantinople et au Saint Synode.

. . . .

Telle fut l'histoire du christianisme en Bulgarie, elle se rattache, comme on a pu le voir, à celle de toute la péninsule, dont nous allons examiner maintenant l'état actuel, au même point de vue.

En Grèce, la religion puissante, officielle, est l'orthodoxie. Les catholiques grecs sont cependant en nombre relativement grand ; ils professent un patriotisme exalté, presque sauvage, et malgré tout, pour les orthodoxes, restent un peu des étrangers. Leur situation avait cependant été réglée par le protocole de Londres, daté du 3 février 1830. Il déclare que :

La religion catholique jouira en Grèce du libre et public exercice de son culte, que tous les sujets du nouvel Etat, quel que soit leur culte, devront être admissibles à tous les emplois, fonctions et honneurs publics, et traités sur le pied d'une entière égalité, sans égard à la différence des croyances dans tous les rapports religieux, civils et politiques.

Le principe était excellent, mais l'application le fut moins, du fait de la population même et des usages déjà établis.

Les conversions sont rendues impossibles, vu l'intransigeance dont on fait preuve, et les évêques latins finissent par déclarer que les tentatives d'établissement en Grèce de prêtres catholiques grecs n'ont aucune chance de succès et ne servent qu'à créer des difficultés continuelles. On aboutit chez les Hellènes à cette absurde réalité : Tout mariage contracté entre orthodoxe et catholique est nul devant la loi, et alors ou la partie catholique ira contre ses principes, devant le prêtre orthodoxe, ou le mariage sera légalement nul. Le peuple et le gouvernement suivent donc volontairement, pour l'un au moins, une politique d'imposition et de grécisation à outrance que nous retrouverons plus loin lorsque nous nous occuperons directement de l'influence française.

En Serbie, la situation religieuse est celle d'un pays libéral, et généralement tolérant. Tous les cultes ont la même position devant la loi. La majorité des Serbes est orthodoxe, mais il existe également des musulmans, des israélites et des catholiques, ces derniers relativement en petit nombre, surtout dans l'ancienne Serbie, car dans les districts d'Uskub, de Véles et de Monastir, on compte plusieurs diocèses importants de catholiques bulgares.

Jusqu'ici, dans la Serbie primitive, celle de 1911, on ne voyait qu'une seule église catholique, la chapelle de Nisch, et en outre celle de la Légation d'Autriche à Belgrade. Mais on donnait à cette situation une explication qui semble très vraisemblable, en disant qu'en Serbie « catholique » était synonyme d'autrichien, ce qui signifie « ennemi ».

Et cet état de choses faisait faire par un officier, avant la guerre, à quelqu'un qui me l'a répété, cette réflexion : « Le peuple bulgare, arrivé après nous à l'indépendance, a cependant dépassé le nôtre. Pourquoi ? » Je n'ai pas à répondre à cette observation, mais je me contente de citer une opinion émise à ce sujet par un homme plus com-

pétent que moi et qui connaît à fond tous les États
de la péninsule :

Les Serbes, m'a-t-il dit, ont chez eux une petite
aristocratie, très civilisée, mais la population orthodoxe ne peut recevoir d'instruction que du gouvernement, sa religion ne lui donnant pas de prêtres instruits, intelligents et travailleurs, capables de l'aider.
Or, il n'est pas possible au gouvernement, malgré sa
bonne volonté, de mettre en contact perpétuel avec
le peuple des individus de valeur, remplissant les conditions nécessaires pour faire œuvre utile. A la rigueur, on peut y arriver dans plusieurs localités importantes, mais on n'obtient pas le même rendement
ni la même valeur qu'avec des missionnaires catholiques, désintéressés, qui peuvent avoir une heureuse
influence sur le paysan et hâter son développement
intellectuel. C'est ce procédé qui a permis en grande
partie à la Bulgarie de devenir ce qu'elle est.

Je ne me permettrai pas d'apprécier ces paroles
qui me semblent logiques et justes mais que je ne
saurais commenter. Je poursuis seulement l'exposé des faits qui se rapportent à cette question
et dont le lecteur tirera lui-même la déduction.

Depuis cette conversation, la situation a changé,
les Serbes possèdent maintenant une partie de la
Macédoine et y ont rencontré des établissements
religieux florissants. Qu'en ont-ils pensé, je
l'ignore, mais je sais que l'on s'occupe fort à Belgrade d'une entente avec Rome, entente qui cou-
perait court aux tentatives d'immixtion de l'Autriche dans les affaires de Serbie sous prétexte de
protection des catholiques, et qui donnerait au

gouvernement un auxiliaire pratique dont il a reconnu l'utilité. Le ministère de M. Pachitch verrait donc avec plaisir la création d'un évêché catholique en Serbie ; mais jamais un évêque autrichien ne pourra s'y rendre, pas plus que tout autre vicaire germanique. Un prélat de nationalité française y serait au contraire le bienvenu. Je ne pense pas que ce puisse être là une cause de désagréments pour nous et j'imagine plutôt que notre influence ne pourrait qu'y gagner notablement comme nous le verrons plus loin d'ailleurs.

Quittons Belgrade et transportons-nous à Sofia.

La constitution religieuse bulgare est aussi très libérale.

Les Bulgares se sont séparés des Grecs phanariotes qui avec les archevêques d'Ochrida les opprimaient et détruisaient les livres écrits dans leur langue. Ils sont ainsi répartis : deux groupements latins constituent les deux évêchés de Roustchouk et de Philippopoli. Ces diocèses comprennent environ 35.000 fidèles convertis en grande partie depuis un siècle, et malheureusement moins instruits qu'ils ne pourraient l'être, par suite de l'inaction des missions austro-italiennes de Passionistes et de Capucins qui les dirigent.

Ensuite viennent les « uniates », restes du mouvement d'union avec Rome, commencé en 1860 et entravé par la Russie ; au nombre de 30.000 et dépendant de trois évêchés « Salonique, Andrinople, Constantinople », ils sont à peu près semblables aux orthodoxes, mais reconnaissent le chef

de l'Église et jouissent d'une vitalité que les orthodoxes ne possèdent pas.

Enfin, les orthodoxes schismatiques, les plus
nombreux, n'ont rien de très fanatique; ce sont de
braves gens qui n'ont guère d'instruction et par
le fait même de leur religion n'ont aucune vie spi-
rituelle active. Ainsi que nous l'avons fait remarquer préalablement, ils forment depuis 1870 une
Église autonome, soumise cependant à l'exarque
de Constantinople. Cet exarque, reconnu par le
Sultan, continue à poursuivre l'émancipation
bulgare du joug grec, en tâchant le plus possible
d'enlever aux Hellènes les écoles qu'ils possèdent
dans les localités bulgares où ils s'efforçaient de
faire disparaître la langue slave (l'ancien slavon
modifié légèrement). En outre, de nombreux collèges et monastères..., mais ceci rentre dans l'influence française, que nous étudierons plus loin.
Des informations diverses ont signalé les mouvements qui se dessinaient en Bulgarie, en faveur
d'un rapprochement avec Rome, mais on a voulu
l'attribuer aux seuls Macédoniens. Je crois être en
mesure d'affirmer que ce projet n'est pas exclusivement originaire de Macédoine et que les hautes
sphères bulgares s'en occupent très sérieusement
à Sofia.

Le peuple est favorable à cette solution, m'a-
t-on dit. Quels avantages y voit-il donc ? Je crois
que d'une part, il y trouverait un moyen de conserver sa nationalité en s'affranchissant définitivement de tout rapport avec les Russes qui, à ce
sujet, le renient, de même que les Grecs qui le

considèrent comme schismatique. Il aurait, d'autre part, une certaine satisfaction d'amour-propre à se rapprocher de l'Occident qui lui assurerait une instruction et une culture plus grande et plus fortes, par l'introduction chez lui d'un autre esprit que celui de l'orthodoxie russe ou grecque, et une indépendance plus complète. On peut encore observer qu'il a été capable de remarquer le développement des peuples catholiques tchèques, croates, polonais, à côté des rusticités de l'empire moscovite, malgré les efforts du tsar Nicolas II. Enfin, cette union, qui laisserait aux Bulgares leur langue et leur rite, leur permettrait d'avoir chez eux un plus grand nombre de monastères et de collèges français que l'Église romaine mettrait à leur disposition. Il est vrai que nous sommes les protecteurs officiels des Missions depuis l'acte de 1410, mais les communications sont interrompues entre Paris et le Vatican, aussi la situation est-elle à la fois délicate et bien périlleuse là-bas. Je ne veux nullement traiter ici la question religieuse actuellement encore si débattue dans notre pays, ni parler à ce point de vue, n'ayant aucune qualité pour cela, aussi le lecteur ne doit-il voir en ces lignes qu'une étude placée au seul point de vue des intérêts français en Orient.

Comme nous le verrons encore au chapitre IX, ce sont ces intérêts qui sont directement liés au mouvement uniate bulgare qui, soutenu par nous, introduira en Bulgarie encore plus fortement nos idées, notre civilisation, notre influence. Or, le peuple ne voit, semble-t-il, aucun inconvénient à cette tendance, les grands journaux de Sofia s'en occupent, des professeurs manifestent ouvertement leurs désirs dans ce sens, les hautes personnalités de l'État l'examinent attentivement, et des meetings ont même eu lieu pour prier l'exarque de Constantinople de prendre la tête de cette cause nationale et de se rendre à Rome pour en délibérer avec le pape Pie X.

Mais que dira la Russie? Ayant déjà une première fois, il y a cinquante-trois ans, énergiquement agi contre ce courant, ne va-t-elle pas mettre tout en œuvre pour le faire échouer encore? Il semblerait, en effet, qu'elle ne pourra pas se résigner à admettre pareil événement, mais après ce que nous avons vu et lu (chapitre III, politique russe), il nous est possible d'en douter. Le gouvernement de Saint-Pétersbourg, même s'il n'a pas joué, durant juillet et août, le rôle que lui attribue l'auteur de la lettre que nous avons publiée après la *Croix*, ce qu'il faut espérer, a modifié sensiblement son attitude vis-à-vis de ses protégés balkaniques et notamment à l'égard du souverain de l'un d'eux, le roi Ferdinand. Celui-ci a pourtant, dans un but de conciliation, fait embrasser à son fils aîné la religion orthodoxe. Mais ni le tsar de Bulgarie, ni le prince Boris ne sont aveugles, et je suppose que l'Empire moscovite comprendra cette idée, qu'on ne refera pas deux fois aux Bulgares le coup d'Alexandre de Battenberg !

CHAPITRE IX

L'influence française. — En Turquie d'Europe.
En Grèce. — En Serbie. — En Bulgarie.

J'arrive enfin à la dernière grande question de
cet ouvrage, à l'influence française dans la péninsule balkanique ; j'aurais vivement désiré la traiter
encore plus longuement que je ne vais le faire, et
pousser l'étude de ce chapitre à l'Empire ottoman
tout entier, comme à l'Albanie et à la Roumanie,
mais le temps et la place, ici, me font défaut, je
suis donc obligé d'être très bref, devant me con-
tenter d'un exposé, aussi net et aussi précis que
possible de cet important sujet.

En 1912, avant la guerre, la France possédait en
Turquie d'Europe de nombreux établissements
d'éducation et d'enseignement prospères, quoique
peut-être moins cependant, toutes proportions gar-
dées, qu'il y a quelques années. A Monastir, on
trouvait, et on trouve encore, d'ailleurs, un collège
de deux cents élèves, conduit par les Maristes ; à
Kilkitch, à Yenidjé-Vardar, à Cavalla, existent des
écoles dirigées par les PP. Lazaristes ; près d'Andrinople, à Karagatch, les Résurrectionnistes ont
fondé un grand collège bulgare. De même pour les
filles, les Sœurs de Saint-Vincent de Paul ont des
maisons à Kilkitch, Calamari, Leitenlik, Monastir, Cavalla, et les Oblates se sont établies avec
succès à Andrinople. Mais le plus important centre
français de l'ancienne Turquie était Salonique. Là

on peut voir un lycée de garçons, un lycée de filles, une école commerciale et une école primaire, fondés et dirigés par la Mission laïque. En outre il y existe un établissement des Frères des Écoles chrétiennes, une école de jeunes filles à la tête de laquelle se trouvent les Sœurs de Saint-Vincent de Paul, et enfin des écoles primaires et supérieures de l'Alliance israélite universelle.

Ce n'est pas tout ; à Salonique, la langue employée par les gens cultivés est le français, de même que celle du commerce, et, en général, de tous ceux dont la vie est active et occupée.

Si un étranger arrive dans la ville, il se rendra immédiatement compte de la nécessité de connaître le français, qui est indispensable à tout industriel, administrateur ou voyageur pour évoluer facilement dans tous les milieux, et j'ai vu des officiers de marine revenant de Salonique, où ils avaient fait une escale, me racontant que, dans l'intérieur des terres où ils avaient été excursionner, ils avaient rencontré souvent des habitants parlant très correctement notre langue. Dans la Compagnie des chemins de fer orientaux, qui est autrichienne (1), l'allemand n'est pas exigé, mais le français l'est, et toute entreprise voulant réussir dans le pays, doit avoir des employés capables de

---

1. La question des chemins de fer orientaux va dans quelque temps prendre une place importante dans les préoccupations politiques austro-serbes, car on ne sait encore comment vont s'accorder les gouvernements de Belgrade et de Vienne, au sujet des lignes qui se trouvent aujourd'hui en Serbie et que les Serbes désireront posséder.

s'exprimer en français ; aussi les officiers envoyés pour réformer la gendarmerie ottomane dans la région du Vardar, n'ont-ils eu aucune peine à se faire comprendre, de même que les ingénieurs de la Compagnie des routes de l'Empire ottoman.

On trouve encore à Salonique d'importantes affaires françaises, comme le chemin de fer de Salonique à Constantinople, la Société du gaz d'éclairage, etc., et on rencontre dans la ville une petite colonie de nos nationaux, ingénieurs, professeurs ou employés qui contribuent, eux aussi, à étendre notre influence et à favoriser notre action.

Mais cependant, malgré cela, le commerce de l'Italie, de l'Autriche et de l'Allemagne est supérieur, et leurs colonies sont plus importantes que les nôtres ; et, il faut bien le dire, si nous n'avons pu rester maîtres du terrain qu'au point de vue de la langue, c'est que nous avons laissé nos entreprises orientales vivre sur elles-mêmes, et que nous ne nous sommes pas assez occupés de la concurrence étrangère néfaste, surtout germanique, dont les progrès sont malheureusement constants (1). Nous n'avions donc pas un grand intérêt à voir le maintien de la domination turque, à Salo-

1. Nous avons vu au chapitre v les menées berlinoises à Constantinople, mais nous n'avons pu examiner comment l'Allemagne avait pu se créer une situation économique aussi considérable dans l'Empire ottoman. L'Allemagne n'était rien en Turquie il y a trente ans ; le fait vaut la peine d'être remarqué. Ce fut seulement en 1882 qu'une mission militaire prussienne fut envoyée au Sultan ; à la tête de cette mission se trouvait celui qui est devenu le maréchal Von der Goltz, qui jeta les premières bases de la politique allemande en Turquie en créant au commerce

nique du moins, puisque l'Empire ottoman se mettait peu à peu aux ordres de Berlin ; mais voyons
ce qu'il faut penser de l'autorité qui lui a succédé
dans le sud, c'est-à-dire de la Grèce.

allemand, surtout au sujet des armements et fournitures
militaires, un débouché d'autant plus intéressant pour nos
voisins que cette expansion sur notre zone d'influence allait
nous gêner très fortement. Le voyage de Guillaume II en
1898 augmenta sérieusement la force germanique en attirant
aux projets de Berlin nombre de fonctionnaires et d'hommes
d'Etat ottomans, et depuis l'expédition célèbre du Kaiser
en Asie Mineure, ses sujets ont réussi à s'emparer de tous
les chemins de fer ottomans, en organisant surtout l'affaire
du Bagdad, qui constitue pour eux une question primordiale puisque l'acquisition complète de cette ligne, que nous
venons de leur abandonner, leur permettra de poursuivre
leur plan de jonction de Hambourg au golfe persique dont
on voit facilement l'importance. Le chemin de fer du Bagdad
a donné lieu à des discussions connues sur lesquelles
d'autres que nous se sont déjà prononcés ; un des plus
acharné ennemi du Bagdad allemand fut M. A. Chéradame,
dont chacun doit lire les remarquables articles écrits à ce
sujet depuis 1900. L'Allemagne veut bien nous laisser une
ligne en Anatolie, dont le tracé serait le suivant (*Temps*,
4 octobre) : « La ligne partirait de Samsoun sur la mer Noire
et remonterait la rivière Mederinak jusqu'à Ladik ; de là, un
embranchement ira rejoindre le réseau allemand. De Ladik
la ligne principale française se dirigera sur Tokad, nouvel
embranchement vers les voies allemandes. De Tokad, elle
gagnera Egin, troisième embranchement. Enfin, à Kharfurt,
dernier embranchement d'une part sur Palu-Musiki et le lac
de Van, d'autre part, sur Mezeré et Arghana-Maden. Les
lignes des mines de cuivre d'Arghana resteront dans le réseau
allemand. »
Par ailleurs, la convention franco-turque de septembre 1913
nous assurerait un traitement spécial dans certains ports
syriens et le droit de prolonger le chemin de fer d'Aleppo-
Homs, au sud, pour lui faire rejoindre la ligne projetée de
Jérusalem à Jaffa. Mais il n'est que temps de prendre des
mesures sérieuses pour empêcher notre écrasement en Orient
par l'invasion germanique.

La Grèce! Que de visions ce nom prestigieux n'évoque-t-il pas en nous? La Grèce, patrie d'Homère et de Périclès, berceau des arts, temple de la Beauté! Dès que ce nom magique sonne à nos oreilles, que de tableaux accourent en foule devant nos yeux éblouis! C'est le long promontoire gris qui coupe une mer délicieusement bleue, c'est la colline immortelle couverte de ruines splendides, c'est l'Acropole et le Parthénon! La Grèce! mais n'est-ce pas son histoire que l'on nous apprend tout enfants, ses héros sont les premiers qui nous enchantèrent, et quel écolier ignore encore les noms guerriers d'Achille, d'Ajax et d'Agamemnon?

Ses pierres nous parlent toujours ce langage inexpressible et si touchant des choses du passé, ses colonnes brisées par les barbares nous sont aussi chères que les moindres vestiges de sa grande antiquité, et cependant si nous pénétrons l'âme de l'hellénisme admirable d'Athènes et de Sparte aux temps lointains de leur première suprématie, nous ne comprenons plus l'esprit de ses habitants d'aujourd'hui! La France a si longtemps défendu la Grèce, pourquoi les rapports des deux pays semblent-ils se tendre maintenant? Le fait ne paraît, hélas, que trop vrai. Le Grec du xxe siècle n'aurait-il plus pour nous la même sympathie que ses pères, son cœur ne battrait-il plus avec le nôtre, et, volontairement ou non, se rapproche-t-il de nos ennemis? Il est juste de dire que ceux-ci ont joué là encore, vis-à-vis de nous, un rôle extrêmement habile qu'il importe de noter. Après la guerre malheureuse de 1897, dans laquelle ils furent écrasés par les Turcs, les Hellènes (ou plus exactement leur souverain Georges Ier) demandèrent à la France l'envoi d'une mission militaire pour réorganiser leur armée.

Cette mission, sous les ordres du général Eydoux, transforma les vaincus de 1897 en soldats capables de faire la campagne de 1912.

Le général commença par reconstituer l'École des Evelpides, le Saint-Cyr grec, puis fit partir pour l'Ecole supérieure de Guerre de Paris de nombreux officiers hellènes. Il fit créer des cours pour les sous-officiers, et changea les troupes par une nouvelle méthode d'instruction. En janvier 1912, une loi groupa définitivement les régiments en quatre divisions actives, comprenant chacune trois régiments d'infanterie, un ou deux bataillons de chasseurs à pied, un régiment de cavalerie, huit batteries montées, un groupe d'artillerie de montagne, un bataillon du génie et une compagnie du train. Les officiers français créaient en même temps des services réguliers d'intendance et de santé, fondaient des écoles d'application pour toutes les armes et faisaient entreprendre des cours de préparation militaire.

On a vu le résultat de cette instruction lors de la guerre balkano-turque, qui a permis à la Grèce de se faire adjuger la part de territoires la plus belle, en lui attribuant Salonique et une région épirote étendue.

Et cependant, quelque temps avant les événements de 1912, on raconte « que le roi Constantin, alors diadoque, déclara devant ses officiers que l'ancienne armée (celle d'avant la réforme française) valait mieux que la nouvelle ». Le propos fut rapporté et faillit amener la démission du général Eydoux et de la mission française. Un grand dîner leur fut offert et remit tout en place (1). Hélas! la politique de Berlin, qui avait en Grèce de nombreux amis, remporta un nouveau succès. Le roi, ayant été nommé feld-maréchal allemand, partit en septembre pour assister aux manœuvres impériales et y prononça les paroles suivantes :

PAROLES OFFICIELLES DU ROI CONSTANTIN

Voici le texte des paroles échangées à Berlin entre l'empereur Guillaume et le roi Constantin de Grèce, après qu'à l'ouverture des manœuvres, l'empereur eût remis au roi le bâton de maréchal.

L'empereur Guillaume a dit :

Je souhaite de tout cœur la bienvenue à Votre Majesté. J'exprime en même temps ma joie de pouvoir maintenant remettre personnellement à Votre Majesté, en présence de mes généraux comme représentants de mon armée, le bâton de feld-maréchal qu'elle a gagné sur le champ de bataille.

Votre Majesté a eu la bonté d'affirmer publiquement, à différentes reprises, pendant et après la guerre, que les grands succès qu'il lui a été donnés de remporter avec l'aide de Dieu sont dus, en même temps qu'au courage héroïque, au dévouement et à l'esprit de sacrifice de toutes les troupes grecques, *aux principes éprouvés de la tactique militaire prussienne.*

1. *Correspondant*, 10 juillet 1913.

Ces principes acquis par Votre Majesté et les officiers de votre état-major à Berlin, au 2° régiment de l'infanterie de la garde et à l'Académie de guerre prussienne, et mis en pratique, ont, dites-vous, brillamment fait leurs preuves.

Mon armée est fière de ce jugement prononcé par Votre Majesté, qui constitue un éloge pour les méthodes de notre armée et en même temps prouve de façon concluante que les principes enseignés par notre état-major et suivis par nos troupes, garantissent toujours la victoire lorsqu'ils sont exactement appliqués.

Que Votre Majesté veuille maintenant recevoir le bâton de maréchal de mes mains.

Le roi des Hellènes a répondu :

J'exprime à Votre Majesté, d'un cœur ému, ma reconnaissance pour le grand honneur qui m'est fait par la remise du bâton de maréchal.

Puis se tournant vers les généraux, le roi Constantin ajouta :

Je ne puis m'empêcher de répéter encore une fois, bien haut, et publiquement, que nous devons nos victoires, en même temps qu'au courage invincible de mes compatriotes, *aux principes sur l'art et la conduite de la guerre que moi et mes officiers nous avons appris ici, à Berlin,* à ce cher régiment d'infanterie de la garde, à l'Académie de guerre, comme dans nos rapports avec les officiers de l'état-major prussien.

Je suis reconnaissant à Sa Majesté feu le grand empereur Guillaume Ier, de vénérable mémoire, d'avoir eu la bonté de me permettre de puiser pendant de précieux mois, ici, tant dans les rangs de la troupe qu'à l'Académie, les connaissances militaires qui m'ont donné plus tard dans la guerre de si brillants succès.

Quelques heures après, l'Agence Havas publiait la note officielle suivante :

Le roi de Grèce a fait savoir au Ministère des Affaires Étrangères par l'entremise de M. Romanos, qu'il viendrait à Paris, le 21 septembre, et qu'il serait désireux de faire visite au Président de la République. Le roi Constantin voyagera incognito.

M. Poincaré a fait immédiatement répondre qu'il serait très heureux de recevoir le roi (1).

Je ne commenterai pas ces deux discours, la presse l'ayant fait assez longuement (2). Le roi de Grèce vint en effet à Paris, et s'efforça de montrer une particulière cordialité pour le général Eydoux, lui demandant même de revenir en Grèce avec les officiers français, mais le toast qu'il adressa au Président de la République n'a pas réuni l'unanimité des suffrages en France.

Bref, nous avons tout lieu de craindre une politique générale grecque dirigée par le roi Constantin, favorable à l'Allemagne, malgré, peut-être,

1. *Matin*, 9 septembre.
2. *La Liberté* rappelle un détail significatif pour les financiers français qui, sûrs de la paix et de l'ordre en Grèce, voudraient y envoyer leurs capitaux. Les glorieux principes de Postdam ont été éprouvés encore quand, en 1910, l'état major de la marine hellénique somma le roi Georges d'avoir à lui épargner sur l'heure le commandement à la prussienne du diadoque Constantin contre qui grandissait les menaces d'un pronunciamento où la dynastie tout entière faillit sombrer.

les avis justes et sages de M. Venizelos (1). Ce dernier a modifié considérablement son pays, mais il ne peut cependant tout changer; or, avant lui, quand il y avait des élections nouvelles en Grèce, tous les fonctionnaires qui appartenaient au parti battu perdaient leur emploi, « depuis le dernier garde champêtre jusqu'au premier ministre ». Agissant ainsi entre eux, que feront les Hellènes vis-à-vis des étrangers résidant dans les nouveaux territoires qu'ils viennent d'acquérir ? Il est permis de se le demander avec anxiété ! Les chemins de fer seront probablement rachetés dès que l'état du budget le permettra et nombre de professions

1. *Le Cri de Paris* donne au sujet des débuts du roi Georges en Grèce, et de M. Venizelos, de bien curieux aperçus. Les voici textuellement : « Lorsque les Grecs offrirent la couronne au roi Georges en 1863, leurs finances étaient dans un triste état. On promettait bien une liste civile au jeune souverain, mais il courait beaucoup de chances de ne pas la recevoir. Cependant les cabinets de Londres et de Paris insistaient pour qu'il prît possession de son trône au plus tôt. Il leur demanda de garantir au moins le pain quotidien sous forme d'une annuité fixe. D'un commun accord, la France et l'Angleterre s'engagèrent à lui verser chacune cent mille francs par an. Cette somme fut régulièrement payée jusqu'à ce jour, c'est-à-dire pendant cinquante ans. Nous espérons que cette même pension continuera à être payée au successeur du roi Georges et il y a des chances pour qu'il ne la refuse pas.

Nous sommes surtout convaincus qu'il restera reconnaissant aux deux gouvernements protecteurs qui ont assuré la « matérielle » à son père, tandis que son beau-frère Guillaume n'a donné qu'une dot médiocre à sa femme.

. . . .

M. Venizelos vient de recevoir le grand cordon de la Légion d'honneur. Il y a moins de vingt ans, M. Venizelos n'était qu'un jeune et ardent avocat crétois à la Canée. Entre

libérales occupées par nos compatriotes ne leur seront plus accessibles. Quant aux écoles françaises, il est bien à craindre qu'elles ne soient en butte à des difficultés continuelles, surtout celles dirigées par les religieux et religieuses. Une personnalité militaire impartiale qui a voyagé souvent et récemment en Grèce me disait :

On peut être à peu près certain que, dans dix ans, Salonique sera complètement grécisée, la société cultivée parlera le français et encore rarement, et les écoles grecques feront aux nôtres une concurrence dont elles ne pourront supporter les effets, sauf si elles sont soutenues par le gouvernement. Les admi-

deux plaidoiries devant les tribunaux turcs — qui acceptaient la langue grecque au prétoire — il conspirait avec ses confrères contre le Croissant.

A chaque prise d'armes, il partait pour la brousse, bardé de cartouches, le fusil à la main, excitant les palikares d'Apokorona et de Sphakia à la lutte contre l'oppresseur.

Avec un groupe de confrères il avait formé le Comité révolutionnaire crétois qui siégeait autour d'une table recouverte d'un drap noir, symbole du deuil de la patrie. Les consuls des puissances européennes évitaient ses conversations et ses récriminations contre la tyrannie turque. Les journalistes étrangers le considéraient comme un exalté dont il fallait se méfier. Aujourd'hui, c'est un grand homme d'Etat.

. . . .

M. Romanos, ministre de Grèce à Paris, était un des membres les plus actifs du comité crétois d'Athènes. Aux premiers coups de fusil tirés dans l'île, on le voyait apparaître, en compagnie de deux ou trois patriotes, portant le salut de la patrie aux antharthes crétois. Les amiraux des flottes internationales eurent une fois l'occasion de le prendre et de l'embarquer sans égard sur le premier bateau en partance pour le Pirée en le priant de ne pas recommencer. Aujourd'hui, ils le saluent avec respect.

nistrations n'emploieront plus notre langue qui disparaîtra lentement après avoir pourtant si bien réussi dans ce pays comme partout... où l'on veut se donner la peine de travailler pour elle.

Ne faisons pas un grief aux Grecs de vouloir que toutes les villes qu'ils occupent soient des cités helléniques, mais déplorons malgré tout qu'ils ne comprennent pas, comme leurs voisins, que nos établissements et notre influence sont de sûrs agents de civilisation, de progrès et de prospérité.

Quittons la Grèce pour laquelle ont chanté nos poètes, de Victor Hugo à Paul Déroulède, pour laquelle nos soldats ont versé jadis leur sang.

Passons en Serbie, dans le royaume de Pierre Ier. Ici, nous ne rencontrons plus, il est vrai, les écoles françaises nombreuses dans l'ancienne Turquie d'Europe, mais il est juste de remarquer, qu'à l'heure actuelle, par suite de la victoire des alliés balkaniques, la plus grande partie de la Macédoine se trouve réunie à la Serbie, et lui apporte un certain nombre d'établissements dont nous avons parlé d'ailleurs plus haut. Or, le gouvernement de Belgrade qui a dû, je le suppose du moins, apprécier les résultats obtenus par les missionnaires catholiques en vieille Serbie (Uskub et ses environs) va s'entendre avec Rome afin de faire aux organisations religieuses, une place plus large, et afin de leur donner de plus grandes facilités d'action ; mais je crois que les Serbes n'admettront que des Français dans ces collèges ou monastères, n'y voulant pas des Autrichiens et n'ayant pas vu à l'œuvre les Italiens. Il serait peut-être intéressant à notre point de vue d'aider la Serbie dans cette voie, excellente pour nous, puisqu'elle constituera un agent important d'influence qui ne permettra pas, pour le moment du moins, la concurrence étrangère.

Déjà, à Monastir, les officiers serbes qui occupèrent la ville après la défaite turque, aimaient à venir prendre des leçons de français au collège des Maristes; et pour passer à une conception plus générale, je répéterai ce que bien des gens doivent savoir, que plusieurs groupes d'officiers serbes sont entrés à notre École supérieure de Guerre, comme dans d'autres Écoles militaires françaises, pour y apprendre nos méthodes et nos doctrines, étudier nos hommes de guerre, et bénéficier des progrès que nous faisons en matière militaire.

Au sujet des sympathies de la Serbie pour la France et de celles qu'elle est en droit d'attendre de nous en retour, je demande au lecteur l'autorisation de lui raconter ici une anecdote qui n'y sera, je crois, pas déplacée.

Me trouvant il y a quelques mois dans une station des plus pittoresques de Suisse, je fis la connaissance de deux jeunes Allemands, charmants d'ailleurs et d'une correction parfaite. Or, un matin, après avoir furieusement glissé en skis sur les pentes neigeuses qui s'étendaient autour de S..., nous rentrâmes à l'hôtel et en attendant l'heure du déjeuner, nous étant confortablement installés dans de larges fauteuils, nous échangeâmes nos impressions sur mille choses qui entre

Français n'ont qu'un intérêt assez relatif, mais qui prennent une toute autre couleur lorsqu'elles sont dites et discutées par un Français et un Allemand. La conversation s'achemina bientôt vers l'Orient et les États balkaniques. Mon interlocuteur ne tarissait pas d'éloges sur le roi de Grèce dont il admirait avec ferveur les innombrables qualités, à mon grand étonnement, car je ne me souvenais pas alors des attaches du souverain ; son admiration s'éteignit presque subitement quand je lui faisais part de la mienne sur les victoires bulgares, ce que je comprenais fort bien, et lorsque je lui parlais du roi Pierre de Serbie, il me répondit en me disant que ce monarque n'était qu'un fou, plus ou moins sanguinaire, que ses qualités étaient des mythes et, en définitive, qu'il détestait ce prince pour lequel j'avais la plus grande estime ; je le défendis chaleureusement et repoussai les insinuations qui étaient portées à son égard. Que pouvait avoir l'Allemagne contre le roi Pierre ? Je ne pouvais le concevoir. Mais le soir, en feuilletant une revue illustrée, mes yeux s'arrêtèrent sur une gravure représentant un épisode de 1870 peint par Alphonse de Neuville. La lumière se fit aussitôt dans mon esprit... Pierre Kara-Georgevitch avait vaillamment combattu dans nos rangs, étant, au moment de la guerre, élève de l'École de Saint-Cyr ! Je maudis mon manque de mémoire et m'abstins dès ce jour de parler du souverain serbe devant mes deux compagnons.

Ceci montre une fois de plus quel attachement peut avoir pour nous celui qui a reçu le baptême

Groupe d'officiers de la Garde Royale.

Marqué par Λ : M Stanciof ministre de Bulgarie à Paris.

du feu à côté de nos soldats aux jours de malheur et de gloire! Et si quelques hommes d'État de son pays voulaient rapprocher la Serbie d'une puissance germanique, je suppose que son roi lui rappellerait un passé que nous n'avons pas oublié, et dont les conséquences ne peuvent être que favorables aux intérêts serbes eux-mêmes.

Revenons à notre exposé de l'influence française en Serbie. En dehors des collèges, écoles et autres établissements qui s'y trouvent aujourd'hui, nous rencontrons heureusement des hommes qui cherchent à la propager, et par leur intelligence et leur travail, y réussissent fort bien.

A Belgrade, on remarquait un pavage dont l'état laissait à désirer, je dirai même qu'il était affreux, formé de petits cailloux pointus aussi gênants que ceux que l'on voit à Avignon, par exemple. La municipalité désirant changer complètement la voirie a fait appel à un ancien élève de l'École française des Ponts et Chaussées, M. Légé, qui a obtenu déjà d'importants résultats.

Mais il faut reconnaître que nous ne sommes pas suffisamment intéressés à ces nations rajeunies qui demandaient qu'on les aide, et en bien des endroits nous nous sommes laissé dépasser par nos rivaux plus commerçants et plus remuants ; à Belgrade encore la Compagnie des tramways électriques et celle de tout le secteur électrique de la ville sont belges, comme leur directeur M. Bussert, qui est d'ailleurs un homme remarquable. De même au point de vue du commerce, les paysans achètent dans les cités les objets dont ils ont besoin et ces objets eux-mêmes viennent d'Autriche ; au sujet des mines dont nous parlerons plus longuement tout à l'heure, je remarque encore que ce sont des groupes d'ingénieurs anglais qui se sont rendus dans plusieurs vallées serbes pour reconnaître les terrains et... s'assurer probablement des concessions importantes.

Pourquoi n'est-ce pas la France qui pénètre ainsi dans les Balkans ? Toujours à cause du sentiment absurde qui fait dire à trop de gens : « Bah ! c'est trop loin... cela n'en vaut pas la peine !... » J'imagine, au contraire que « cela » en vaut largement la peine et je suis heureux que les récentes victoires des Alliés sur la Turquie aient enfin attiré l'attention de l'opinion publique sur ces contrées où il y a pour nous tant à faire !

En effet, prenons la question minière. Il est indéniable que la Serbie est à ce sujet particulièrement favorisée et nous ne sommes pas les premiers à le découvrir, car on trouve souvent, sans faire des fouilles bien profondes, des vestiges d'occupation et d'exploitation romaines. Des travaux furent entrepris en plusieurs points sous la domination des Césars, puis elle cessa complètement dès leur décadence, et c'est depuis une soixantaine d'années seulement que l'on recommence à s'en occuper sérieusement. Depuis quelque temps des études ont été faites en Serbie afin de distinguer exactement la composition du sol, beaucoup plus compliquée que dans d'autres pays, vu les différentes chaînes montagneuses que l'on y rencontre et qui n'ont pas la même formation.

Des ingénieurs anglais ont découvert entre Neristritia et Maïdanpek des filons quartzeux contenant des sulfures de plomb, de zinc, de cuivre et par conséquent de l'or. Les recherches ont porté sur des terrains cristallins et granitiques. On trouve dans le Djeli-Javan des filons quartzeux où, dit M. Muzet : « un concessionnaire serbe recueille du minerai d'une teneur de 15 gr. à la tonne. »

Il en existe encore dans le Timok, mais de ce côté aussi, les travaux n'ont pas été menés vigoureusement. Tous ces points contiennent des gisements primaires. D'autre part un syndicat anglais (naturellement) a commencé des prospections dans la vallée du Pek et le gouvernement serbe lui-même fait exécuter des recherches actives dans les dépôts d'alluvions du Timok et du Pek.

Parmi les gisements argentifères, les plus importants sont ceux de Podrinié (exploités par l'État) et de Koutchanaïa qui donnent environ 54 grammes d'or à la tonne et 46 d'argent. Une société belge exploite les mines de Maïdanpek où elle a installé des « convertors système Knudsen avec lesquels on traite journellement 200 tonnes de minerai ; la dépense de combustible a été réduite à 1 % au lieu de 20 % lorsqu'on employait les water jackets américains (1) ». On cite encore la mine de cuivre de Bor, affaire heureusement française et prospère. Elle est, paraît-il, la plus riche

---

1. A. Muzet, *Serbie*, page 120. Ouvrage remarquable et que j'ai consulté avec fruit. C'est de M. Muzet que j'ai tiré une grande partie de ces renseignements.

de Serbie et donne un rendement énorme (99 % de métal pur). On trouve encore en Serbie des gisements de fer que l'on a peu étudiés, mais qui n'en sont pas moins intéressants, notamment à Rudna Glava où, m'a-t-on dit, le minerai semble remarquable et d'extraction relativement facile.

M. A. Muzet, dans son bel ouvrage, dit que les manganèses, nickel, arsenic et chrome sont simplement signalés, les études à ce sujet en étant encore à leur début, mais j'ai appris par ailleurs que plusieurs ingénieurs allemands s'étaient occupés de ces gisements et allaient demander à leur endroit au gouvernement serbe plusieurs concessions (1). Mais, pour toutes ces richesses, les exploiteurs manquent. Le gouvernement serbe l'a compris et, désirant faciliter l'entrée des capitaux étrangers, a fait voter par la Skoupchtina une loi intéressant les mines serbes et les concessionnaires. M. Muzet en donne les principales dispositions :

1° La concession n'est accordée pour un même terrain minier qu'à un seul explorateur et son privilège comprend toutes les sortes de minerais qui pourront se trouver dans les terrains concédés.

2° Le concessionnaire a le droit de faire établir pour l'usage de ses mines toutes les installations et constructions nécessaires : machines, édifices, fonderies, usines, voies ferrées, etc...

3° Le concessionnaire peut acheter toute parcelle de

1. Au lieu de laisser ainsi l'Allemagne s'emparer de produits dont nous avons besoin, il serait peut-être utile de chercher à porter nos efforts sur ce point et de nous fournir directement ainsi.

S. M. Ferdinand Ier, tsar de Bulgarie

terrain qu'il jugera utile d'acquérir dans l'étendue de sa concession, soit à l'amiable, soit par voie d'expropriation.

4° Le concessionnaire bénéficie de la remise complète (1) de tous les droits de douane pour l'importation des machines, outils, matériaux, et en général, de toutes marchandises diverses qui ne se fabriquent pas dans le pays.

5° Pour l'exploitation des produits miniers, le concessionnaire jouit d'un tarif spécial portant rabais de 50 % sur tous les transports par voie ferrée dans toute l'étendue du royaume.

Il est encore regrettable que les innombrables chutes d'eau de Serbie, chutes dont la hauteur et le débit sont souvent considérables, ne soient pas utilisées, et l'industrie minière qui ne représente aujourd'hui qu'un capital de 25 à 30 millions, et dispose seulement d'une énergie électrique de 2.000 kilowatts, secondée et bien organisée, pourrait en un temps très court se développer prodigieusement et disposer de forces énormes dont le rendement serait magnifique.

L'exportation serbe est surtout constituée par les envois d'eau-de-vie, de pruneaux, de soies, et enfin de bétail, toutes choses qui nous intéressent moins, puisque nous les possédons en France. Par contre l'importation est nettement favorable à la Belgique et encore à l'Autriche.

---

1. Une loi un peu différente que je n'ai pu me procurer, vu les troubles politiques des Balkans, donnera une plus grande liberté au concessionnaire bien qu'en augmentant, je crois, les droits de douane et de redevance à l'État.

Nous pouvons remédier cependant à ce mal en faisant connaître nos produits en Serbie, en y envoyant souvent des agents et même en y installant des représentants de nos grandes marques qui ne peuvent qu'y réussir. En effet, les marchandises françaises sont toujours préférées aux autres, et l'exemple de nos fournitures militaires de toutes sortes doit être suivi par nos fabricants de papier, de machines agricoles, d'articles de Paris, etc., etc...

Transportons-nous maintenant dans les territoires soumis au sceptre du tsar Ferdinand.

Malgré les crises terribles qu'elle vient de traverser, la Bulgarie humiliée, abattue et méprisée, a su rester forte et calme, et les témoins de ces onze mois de guerre ont pu nous affirmer que, sans découragement et sans révolte, elle s'est remise au travail. En trente-cinq ans, l'ancienne province turque redevenue bulgare a littéralement ressuscité ; le peuple bulgare, j'entends le paysan, a moins souffert de la guerre qu'on ne l'aurait cru, car les femmes seules, même sans véhicule ni bêtes de somme, ont suffi à tout, et ceux qui ont eu le plus de déboires furent les petites gens des villes à qui, d'ailleurs, on a distribué de nombreux secours, et « du moment que les hommes se battaient pour la Grande Bulgarie, c'était bien, il fallait prendre patience, Dieu aiderait ! » Dans leur malheur, me disait récemment quelqu'un qui se trouvait à Sofia pendant juillet et août, ce qui frappa péniblement les Bulgares, fut les violentes attaques dont ils étaient l'objet dans la presse française, et si quelques voix isolées manifestèrent leur colère, la grande majorité de la population ne voulut pas croire à une rupture complète et, en se demandant comment la France avait pu ainsi être trompée, elle gardait l'espoir d'un retour juste et mérité de la part de la nation qu'elle considère comme une sœur.

Avons-nous intérêt à laisser accabler les Bulgares ? Non, assurément, car ce sont de sincères amis de notre langue, de notre esprit et de nos produits.

Nos institutions y occupent une place de tout premier ordre et l'on ne compte pas moins de douze écoles françaises avec environ 3.000 élèves. Elles s'y sont rapidement développées sans obstacles et aujourd'hui sont si bien remplies qu'en certains endroits elles sont obligées, en attendant de pouvoir construire de nouveaux bâtiments, de refuser des élèves. Elles réussissent si bien que, *fait remarquable*, le gouvernement bulgare ne craint pas d'y placer des boursiers, alors que ses propres lycées sont gratuits. Les établissements français sont reconnus avec leurs privilèges, mais doivent nécessairement se conformer aux lois scolaires, très tolérantes d'ailleurs.

Il est certain que l'influence intellectuelle de la Russie est plus répandue et plus générale par suite de traditions historiques, d'affinités de race et de langage, et enfin à cause du grand nombre de jeunes gens qui ont pu, à un prix moins élevé, aller en Russie compléter leur éducation, alors qu'un voyage en France et les dépenses qu'il néces-

site leur auraient fait des frais trop considérables.
(On ne peut assez louer à ce point de vue les
efforts de l'Alliance française qui cherche à faciliter aux étrangers qui sympathisent avec nous,
l'accès dans nos Universités et dans nos milieux.)
Mais notre influence sociale et intellectuelle aussi
n'en occupe pas moins une place hors de pair parce
qu'elle est aisément acceptée par ce peuple nationaliste, profondément épris de liberté. Les étudiants bulgares sont de plus en plus nombreux
dans nos Facultés, surtout celles des villes comme
Aix, Grenoble ou Montpellier, où la vie est moins
chère qu'à Paris; ils sont, m'a dit un professeur
qui en a beaucoup connu, très attachés à leur travail
et se font plus remarquer par leur labeur que par
les manifestations bruyantes auxquelles se livrent
trop souvent les étudiants étrangers qui ne se font
pas aimer en France par ce moyen.

Aucune autre influence que celle de la Russie et
la nôtre n'a réussi à pénétrer en Bulgarie; des
étudiants bulgares attirés par les villes d'Autriche
ou d'Allemagne s'y sont rendus pour y compléter
leur instruction; ils ne sont pas revenus enthou-
siasmés dans leur patrie! Et si on estime à Sofia la
science allemande à sa juste valeur, on ne la com-
pare pas à la nôtre qui a su éclairer le monde pendant tant de siècles, et qui sait encore tenir la
première place malgré les vaines tentatives des
nations étrangères! L'esprit germanique n'a
jamais pu s'introduire en Bulgarie malgré ses
efforts, car le peuple bulgare a des traditions trop
différentes de celles de Prusse pour l'accepter, et

disons-le, il est trop méfiant pour se livrer à une influence dont il sent très bien les dangers. On a souvent accusé les Bulgares de vouloir se tourner vers l'Autriche, avec des intentions très nettes ; or, il importe de remarquer que la politique bulgare n'a jamais voulu se rallier à celle du Ballplatz et que les intérêts de la Bulgarie et les nôtres sont trop intimement liés pour que le cabinet de Sofia veuille détruire une œuvre qui touche à la vie même du royaume bulgare, sans pourtant suivre aveuglément la France, ce que nous ne lui demandons naturellement pas. « La politique bulgare ne sera que Bulgare, a dit un homme d'État des Balkans, elle ne s'inféodera pas à une grande puissance comme d'autres l'ont fait, elle suivra l'intérêt et le sentiment de la nation. »

Quoi de plus juste ?

Notre influence ne s'est d'ailleurs pas uniquement manifestée par nos écoles et nos collèges que dirigent les Pères Assomptionnistes et les religieuses de Saint-Vincent de Paul; on la retrouve heureusement dans l'industrie, dans le commerce et dans l'armée. Avant de parler des premiers, je tiens à montrer en quelques mots ce que fut la France pour l'armée bulgare, et après avoir répété ce qu'on oublie quelquefois, c'est-à-dire que si tous les généraux bulgares n'ont pas étudié chez nous l'art de la guerre, c'est que pendant longtemps ce leur était interdit par nos règlements, je cède la parole au général Savof qui a fait à ce sujet à un correspondant du *Matin* les déclarations suivantes :

LES LEÇONS DE LA GUERRE BALKANIQUE

Constantinople, 12 septembre.
Dépêche particulière du Matin.

J'ai eu de nouveau cet après-midi un long entretien avec le général Savof. L'ex-généralissime bulgare a tenu tout d'abord à proclamer son affection personnelle pour la France sa seconde patrie, où il compte se retirer un jour, et son admiration pour l'armée française.

Puis, très chevaleresquement, à propos du discours du roi Constantin, il me déclara que, jugeant avec son âme de soldat, il estimait que la France ne devait pas s'en montrer blessée, car le roi avait voulu simplement parler de son éducation stratégique reçue à Berlin.

Le général Savof ajouta que bien que son adversaire, il se faisait un devoir de reconnaître que le roi Constantin dirigea supérieurement les opérations grecques, mais qu'au point de vue tactique, personne ne pouvait contester que l'armée grecque dût tout à la mission française.

Abordant ensuite la question de la politique générale de la Bulgarie, le général me dit :

On a paru parfois craindre en France que la Bulgarie n'entrât dans la sphère d'influence de puissances étrangères dont la politique est opposée à celle de la France. Cette crainte n'est pas fondée. Je puis vous assurer que même aujourd'hui la Bulgarie place au-dessus de tout l'amitié française et garde un souvenir reconnaissant des services qu'à maintes reprises, dans le passé, la France lui a rendus.

Le général Savof se défendit ensuite d'être responsable de la seconde guerre balkanique.

Tout au contraire, affirma-t-il, c'est moi qui, pendant

quinze jours, m'opposai à la concentration de l'armée, déclarant que cette concentration déchaînerait infailliblement la guerre.

A la fin, je dus obéir parce que j'étais soldat ; mais j'ai des documents écrits qui prouvent que je dis la vérité.

De la politique balkanique, le général m'entretint longuement, mais à titre privé, puis de l'ensemble de la guerre. Il voulut bien me résumer pour le *Matin*, en terminant, les enseignements militaires que, suivant sa haute expérience, comporte la guerre balkanique :

Un fait domine tout, déclare-t-il : le rôle formidable que l'artillerie est appelée à jouer dans les batailles futures. Pour résister aux effets de son feu, l'infanterie doit avoir un moral bien trempé.

La guerre a démontré que souvent l'infanterie intervenait trop rapidement, avant que l'artillerie eût fait son œuvre. Les commandants bulgares ont à plusieurs reprises payé cette faute en sacrifiant trop d'hommes. Le tir de l'infanterie, tenue bien en main par le commandant, n'est vraiment efficace qu'à partir de 800 mètres.

Le général Savof, qui ne tarit pas d'éloges sur l'artillerie française, continua :

Les canons à tir rapide sont d'énormes mangeurs de munitions, La prévision de 1.000 obus par pièce est insuffisante, il faut compter 2.000.

Quant à la question de préférence entre les batteries de quatre ou de six pièces, l'enseignement de la guerre démontre absolument pour moi la supériorité de la batterie de quatre. La batterie de six est trop lourde, trop difficile à bien placer, trop difficile à commander.

Telles sont les conclusions de l'ancien généralissime, qui reprendra encore pour quelque temps le commandement de l'armée bulgare.

Le général Savof, tout en observant une grande réserve au sujet des négociations, me manifesta un grand optimisme et me dit qu'il avait confiance que tout serait fini en deux ou trois séances.

En dehors de cela d'ailleurs, si l'on veut se rendre compte du cas que les officiers bulgares font de la France et de son armée, on trouve dans le volume « Journal de marche d'un correspondant de guerre pendant la campagne de Thrace », de M. de Pennenrun, tous les renseignements désirables sur un état d'esprit qu'il a pu observer à loisir et qu'il a peint éloquemment.

La plus grande partie du matériel militaire des troupes bulgares vient de nos usines du Creusot ; bien qu'ayant une instruction russe, d'ailleurs très bonne, leurs généraux appliquent en campagne nos méthodes et nos principes, et n'ont-ils pas, de l'avis même de nos techniciens comme du leur, pris comme guide et comme grand maître celui qui malgré les années est resté la merveilleuse personnification de l'art de la guerre et du génie militaire français : Napoléon !

Il y a beaucoup à faire en Bulgarie au point de vue économique, point de vue qui ne peut nous laisser indifférents, car pas plus qu'en Serbie, nous ne devons céder les splendides champs d'action qui s'offrent à nous, aux rivaux qui ne cherchent qu'à nous supplanter.

A Sofia, comme à Belgrade, les compagnies de tramways sont toutes belges, ce qui fait du reste le plus grand honneur à nos voisins si actifs et si industrieux.

LL. AA. RR. le prince héritier Boris, Cyrille, prince de Preslav, Eudoxie et Nadejda, princesse de Bulgarie, enfants de S. M. le roi Ferdinand Ier et de Marie-Louise de Bourbon-Parme.

La Bulgarie possède comme sa voisine un sol très riche. Le gouvernement n'a pas eu le temps encore de s'en occuper sérieusement, et en dehors de ses recherches de charbon pour les locomotives de ses voies ferrées, il n'a guère exploité que la mine de cuivre de Phakalnitza (1).

A Bourgas et dans ses environs existent de nombreux gisements cuprifères ; on trouve de la houille en grande quantité dans plusieurs points du royaume, aussi bien en Roumélie qu'en Bulgarie du Nord, enfin on signale également des filons aurifères en différents endroits, mais de même que pour le plomb, le zinc, le manganèse et les autres minerais, les prospections n'ont jamais été poussées avec assez de vigueur pour avoir pu donner des indications très précises et des résultats appréciables. Peut-être serait-il possible d'étudier soigneusement ces terrains et d'y créer des centres industriels productifs ? Les concessions minières sont régies par la loi de 1910 qui modifie sensiblement celle de 1906 (2), mais distingue encore trois sortes d'exploitations relatives aux matières combustibles et bitumineuses, aux sels gemmes et aux autres minerais. On n'accorde donc le droit

---

1. « La mine de Phakalnitza en exploitation depuis 1908, renferme, dit M. Muzet, les minerais suivants : 1° La cornite qui se présente en masses (nodules ou petites veines); 2° la trétraédrite ; 3° la chalcopyrite qu'on trouve en nodules avec les deux précédents et presque toujours sous forme d'imprégnations dans les parties galéneuses. »

2. La loi de 1906, faite dans un esprit trop nationaliste, n'accordait que peu de libertés et de facilités aux concessionnaires.

d'exploitation que pour une seule de ces catégories, ce qui complique fortement les situations entre les différents concessionnaires et entre ces concessionnaires et l'État. Cette question de superposition des concessions, en créant de nombreuses difficultés, fait hésiter les financiers étrangers qui craignent en outre les discussions qui peuvent survenir avec l'administration des mines.

Au point de vue purement industriel on attend une nouvelle loi plus libérale que celle de 1905, qui stipulait notamment qu'après trois ans d'existence toute entreprise devait avoir un personnel entièrement bulgare, sauf pourtant les contremaîtres, sous-directeurs et directeurs. Par contre cette loi donne l'usage gratuit de la force hydraulique, l'exemption des droits de douane et admet que l'État pourra accorder à un certain nombre d'exploitations le droit exclusif de fabrication pendant une période d'une trentaine d'années.

Mais le plus important revenu des Bulgares est sans contredit l'agriculture ; le défaut des propriétés de Bulgarie est la division de la terre en petites parts ainsi qu'il arrive hélas chez nous ; cette situation, en mettant les terres aux mains de paysans peu fortunés, est loin de favoriser le développement et les progrès de cette source de fortune des indigènes. Mais deux remèdes commencent à être appliqués à ce danger. D'une part, le Bulgare, travailleur économe et patient, épargne comme le nôtre et n'a qu'une idée c'est d'agrandir son champ, d'autre part les paysans se syndiquent maintenant pour acheter les machines modernes perfection-

nées qu'ils font venir... d'Allemagne, d'Angleterre
et des États-Unis ! (Je sais cependant qu'il existe
en France d'excellentes marques d'outils agricoles...
pourquoi ne lutteraient-elles pas avec nos intelligents rivaux ?)

Les céréales occupent la plus grande étendue de
terres cultivées avec principalement le blé et le
maïs qu'achètent la Belgique, la Turquie, l'Autriche, la Grèce, l'Allemagne et la France. Puis suivent le coton, le lin, le chanvre, le tabac et la bet-
terave, enfin les vignobles et les plantes potagères.

L'élevage fait de jour en jour des progrès en
Bulgarie où les moutons sont ce que sont en Serbie
les porcs.

Arrivons au commerce.

Nous avons vu en quoi pouvait consister l'exportation au sujet de laquelle il faut citer encore l'es-
sence de rose que nous demandons beaucoup à la
Bulgarie. L'importation s'est faite surtout pour le
matériel de guerre et celui des chemins de fer dont
le réseau est actuellement de plus de 2.000 kilomètres. Mais aujourd'hui, elle ne s'arrêtera pas là, et
nous avons particulièrement une grande quantité
d'articles de toute sorte qui conviendraient admirablement à la Bulgarie. Celle-ci, de l'avis de tous,
donne toujours la préférence à nos produits, mais
dans plusieurs villes du pays, on se plaint que les
voyageurs de commerce français ne viennent pas
visiter les cités bulgares et se bornent à envoyer
de temps à autre leur catalogue, en ne répondant
pas toujours aux demandes de renseignements
qui leur sont adressées. De nombreux Français

qui ont visité Sofia ont répété bien souvent qu'il serait d'une utilité primordiale de créer dans la capitale du roi Ferdinand, comme dans les deux ou trois autres grandes villes de Bulgarie, un musée commercial (comme les Anglais et les Autrichiens l'ont déjà fait) où l'on pourrait voir et toucher au besoin les objets que l'on désirerait acheter. Il ne serait pas très coûteux pour quelques maisons françaises de s'entendre pour organiser un musée de ce genre, et même de faire encore comme les Autrichiens et les Allemands qui sont soutenus là-bas par leurs banques, ce qui leur permet d'accorder des crédits qui doublent la vente.

Deux ports servaient au commerce bulgare : Varna et Bourgas. A Varna d'ailleurs, les travaux de construction du port ont été entièrement conçus et dirigés par nos ingénieurs, et on y rencontre des paquebots de la Compagnie Fraissinet. Jusqu'ici, la lutte était vive entre Varna et Bourgas, ce dernier étant directement relié à Philippopoli par une voie ferrée et se développant avec une étonnante rapidité, mais aujourd'hui, la situation va changer. Dédé-Agatch va donner à la Bulgarie le débouché (moins bon que Cavalla) qu'elle désirait tant avoir sur la mer Égée. Il est regrettable qu'elle n'ait pu obtenir mieux de la Grèce et de la Turquie, mais en tous cas les produits bulgares devant s'écouler par là, vont, si nous voulons les y aider par des services nombreux et réguliers de navigation, se diriger sur Marseille qui ne peut qu'en bénéficier. En outre, il importe de nous établir solidement à Dédé-Agatch où peuvent désormais arriver facilement tous nos articles qui écraseront sans aucune difficulté la concurrence austro-allemande. Et c'est encore une occasion d'incruster notre influence loyale et saine dans cet Orient méditerranéen dont nos ennemis voudraient nous voir écartés.

Par ce qu'il a fait déjà, on peut juger le peuple bulgare et avoir confiance en lui. Si le gouvernement a eu recours à des emprunts en 1909 et en 1910, ce fut dans un but logique et juste pour assurer au pays un réseau ferré qui hâtât son développement, améliorer ses ports et lui assurer une armée forte qui pût garantir son territoire. La dette publique était en 1912 de 667 millions, dont restent encore 600 à amortir. C'est la France qui a fourni la majeure partie de ces capitaux et c'est là, m'a-t-on dit, un excellent placement, car on peut escompter heureusement de l'avenir en constatant les labeurs, les succès et les persévérances du passé.

La Bulgarie est gouvernée par un homme dont l'esprit clairvoyant et fin s'adapte admirablement à tout : art, politique, histoire, mécanique et surtout sciences naturelles, lui sont familiers comme plusieurs langues qu'il parle couramment. Ferdinand Ier est un Parisien, sans être né à Paris, et par là même un charmeur. N'a-t-il pas d'ailleurs dans les veines, du sang français par sa mère la princesse Clémentine, fille de Louis-Philippe, sa mère qu'il adorait (quoique étant lui-même de tempérament froid et peu sentimental) et par laquelle il se rattachait avec sincérité à notre patrie. Très religieux, il a fait uniquement par politique et par politique nationaliste bulgare (1), embrasser à son fils aîné l'orthodoxie à laquelle n'appartiennent pas ses autres enfants. L'héritier du trône, Boris, est né le 18 janvier 1894; c'est un jeune prince hardi, courageux, d'une remarquable intelligence, très ami de la France qui est pour lui une seconde patrie puisque sa mère Marie-Louise de Bourbon Parme était petite-fille de Charles X (2). Les autres enfants du tsar de Bulgarie sont : Cyrille, prince de Preslav, né le 5 novembre 1895 ; Eudoxie, le 15 janvier 1898, et Nadedja, le 18 janvier 1899.

La Cour de Bulgarie est une des plus vraiment françaises de l'Europe et nous n'aurons pas, je crois, à regretter les appuis de toute sorte que nous fournirons à ce vaillant peuple bulgare, depuis le paysan jusqu'au souverain.

1. Pour réconcilier la Bulgarie et la Russie.
2. Ferdinand Ier épousa Marie-Louise de Bourbon Parme, le 20 avril 1893; elle mourut en 1899. Il épousa en secondes noces, en 1910, Eléonore de Reuss.

CONCLUSION

J'ai fini. Après avoir montré au lecteur qui a
bien voulu me suivre, le passé glorieux, héroïque
et douloureux de la péninsule balkanique et lui
avoir, je l'espère du moins, prouvé que les peuples
qui viennent de se réveiller ne sont pas nés d'hier
et possèdent eux aussi une histoire, je me suis efforcé de lui mettre sous les yeux quelques « vérités »
sur les massacres qui ensanglantèrent la Macédoine et la Thrace. Je crois, ainsi que je l'ai déjà
dit, qu'il ne faut pas en accuser exclusivement les
Bulgares que l'on s'est trop souvent acharné à
peindre sous les couleurs les plus noires, en les
accablant sans hésitation après les avoir comblés
d'éloges tandis qu'en 1912 ils étaient victorieux.

L'origine même du dernier conflit qu'ils sont
censés avoir provoqué n'est nullement de leur fait,
pas plus que de celui des Serbes, mais bien de
celui de certaines puissances intéressées à la dissolution de l'Union Balkanique, et qui ont voulu,
par la guerre de 1913 et le traité de Bucarest, séparer définitivement les anciens alliés. Le fossé ainsi
creusé est-il impossible à combler ? J'ose en douter fortement, car je me permets de croire que
Serbes et Bulgares qui n'ont entre eux aucun mo-
tif de haine comprendront que leur intérêt véritable est dans une entente loyale et complète, à
laquelle ils pourraient aisément arriver si la Serbie
occupait du côté de la dangereuse Albanie les ter-

ritoires qui lui sont nécessaires et consentait vis-à-vis de la Bulgarie à une rectification de frontière en Macédoine. Il est, en effet, de toute nécessité pour Belgrade et Sofia de s'opposer à l'invasion germanique, si le tsar Ferdinand et le roi Pierre ne veulent pas voir leurs nations affaiblies, diminuées et morcelées par ce fléau, dont nous devons nous aussi nous préoccuper en tenant compte des paroles du général Von Bernhardi :

LES CONSÉQUENCES ÉCONOMIQUES DE LA GUERRE

27 août.

Notre correspondant de Berlin télégraphie :

Dans le *Tag*, le général von Bernhardi précise en un long article les inconvénients économiques qu'aurait en temps de guerre la position géographique de l'Allemagne.

Nous ne sommes pas seulement menacés d'un désastre militaire, mais d'une catastrophe économique. On ne saurait trop insister sur ce dernier point. L'Allemagne, pour subvenir aux besoins de sa population, doit continuellement avoir recours à l'étranger. Sans doute, elle trouve sur son territoire environ 95 % de la viande que nous consommons, mais nous ne produisons pas de pain en quantité suffisante. Il nous manque environ 15 à 20 % de notre consommation annuelle. La situation de notre industrie est encore plus critique. Elle doit importer une bonne partie des matières premières dont elle a besoin. Notre industrie de l'acier importe annuellement 12 millions de tonnes de matières premières. Notre industrie textile a importé en 1909 pour 1.240.000.000 de marks de matières premières. Nos échanges commerciaux, importations et exportations, se sont élevés en 1911 à 18 milliards de marks. Sur cette somme, 13 milliards ont été échangés par mer.

Nous ne saurions donc nous dissimuler combien nous avons besoin de nous assurer qu'en cas de guerre, toutes les routes ne soient pas fermées. Or, il faut compter qu'au jour de la déclaration de guerre, l'Angleterre fermerait la Manche et instituerait le blocus de la mer du Nord entre les côtes de Norvège et celles d'Ecosse. La Méditerranée ne nous serait pas accessible, étant dominée par les escadres françaises et anglaises. Par terre, nous nous heurterions à l'ouest, à la France, et à l'est à la Russie. La Belgique et le Damark seraient probablement hostiles. La Hollande serait dominée par les canons anglais. Il ne nous reste plus que deux chemins : *l'un par la voie de la péninsule balkanique,* l'autre par la Suède et la Norvège. *Le premier nous était assuré tant que la Turquie d'Europe était forte. Aujourd'hui, il nous serait vraisemblablement fermé par la Serbie et par la Grèce. Il n'y aurait rien d'impossible même à ce que la Serbie prît part à une guerre contre l'Autriche. Nous devons donc tâcher de passer par la Roumanie, la Bulgarie et Constantinople. Il n'est pas sûr que nous y réussissions.*

Le second chemin par la Suède et la Norvège ne reste ouvert que si nous dominons la Baltique. Or, la Russie qui ne dispose actuellement que de forces médiocres dans cette mer, est en train de construire une flotte et, l'an prochain, quatre grands navires de guerre russes navigueront dans les eaux de la Baltique. Dans ces conditions, le chemin pourra être fermé à assez brève échéance.

En résumé, notre situation est dangereuse. Nous

nous trouvons placés dans l'alternative d'augmenter notre puissance militaire à un degré tel que nous soyons sûrs du succès ou de renoncer à tout avenir. Il n'y a pas de choix : être une grande puissance mondiale ou s'abandonner à une irrémédiable décadence.

Soutenons donc Serbes et Bulgares qui, d'abord, sont nos amis, et ensuite, en dehors de toute question de sentiment, ont des intérêts vitaux absolument conformes aux nôtres. Des nations rénovées nous appellent ; commerce, industrie, armée.... nous accueillent mieux que tout autre ; enfin, ce grand principe des nationalités nous offre ici une splendide occasion de montrer encore à l'Europe que la grande France n'a pas changé !

TABLE DES MATIÈRES

CHAPITRE V

CHAPITRE VI

CHAPITRE VII

CHAPITRE VIII

CHAPITRE IX

Imp. J. Mersch, 17, villa d'Alésia.-Paris-14ᵉ — 15.577.

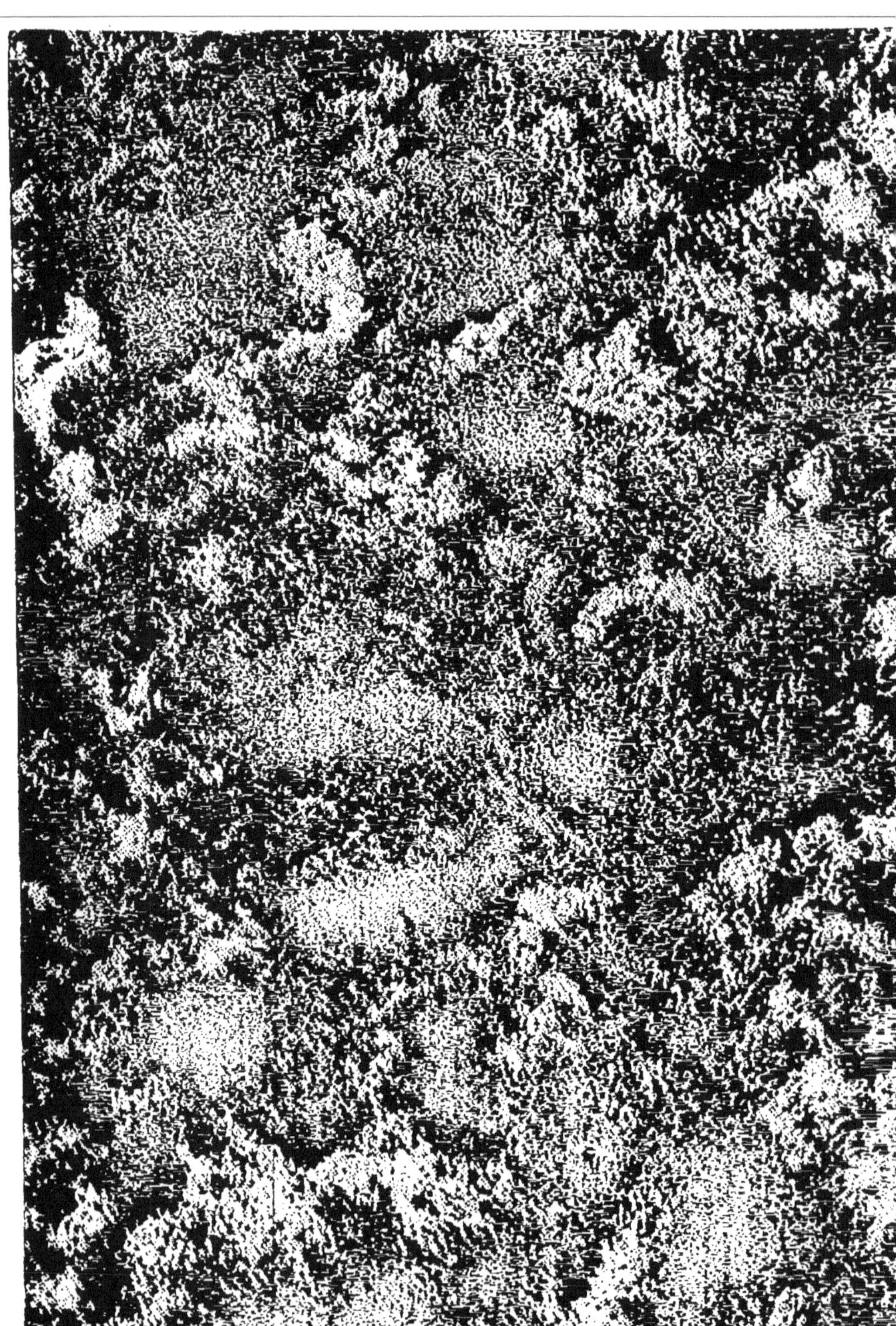